廖肇亨／著

巨浪迴瀾

明清佛門人物群像及其藝文

推薦序

乘風飛去又飛來，天上人間信獨步

幾年前在中央研究院內遇到廖肇亨先生，得知他應《人生》雜誌之邀將開闢專欄介紹明清佛門人物，甚為歡喜與期待。廖先生於國立臺灣大學中文研究所的碩士論文探討的就是明末清初遺民的逃禪之風，後來負笈東瀛，於東京大學的博士論文進一步鑽研明末清初的文藝思潮與佛教之間的關係，前後關注此一領域多年，並出版許多學術論述與譯著。他願意在百忙的學院生活中撥冗撰文，將研究心得分享社會，甚是難得，實為讀者之福。不久之後「巨浪迴瀾」專欄便出現於《人生》雜誌，即使在他回母校東京大學從事教研期間也未曾間斷，自三三二期（二〇一一年四月）連載至三六五期（二〇一四年一月），以生花妙筆深入淺出地介紹了明清時代此一佛教高峰的三十三位佛門人物及其藝文成就（有關覺浪道盛一文分兩期刊出），前後近三年，遂有《巨浪迴瀾——明清佛門人物群像及其藝文》一書。

我個人為外文學者與佛教徒，多年來雖然閱讀過一些佛教論述，也有機緣翻譯聖嚴法師的幾部著作，但未曾鑽研中國佛教史，應邀為此書寫序深恐有佛頭著糞之譏。轉念一想，既然作者發心不辭辛勞以專家身分分享研究心得，我就不妨以一般讀者身分撰寫心得報告以示回饋，就教於作者與讀者。

本書總共介紹波瀾壯闊的明清時代多位高僧大德及其時空背景、靈修歷程與藝文作品，相關文字逾十二萬言，分為三大部分：「風骨奇絕續佛燈」收錄十二篇文章，著重於弘法與續佛慧命；「亂世悲心度群迷」收錄十四篇文章，著重於利生與普度群倫；「詩文書畫信獨步」收錄七篇文章，著重於文學與書畫造詣。這種分類固然有其善巧方便之處，其實彼此之間難以截然劃分，反倒相輔相成、呼應成趣。各文所介紹的人物，包括晚明四大師，除了生平與作品各有千秋、引人入勝之外，彼此之間也有或同或異的宗派歸屬，有些且有不同程度與方式的互動。所附的高僧畫像讓人得識廬山真面目，真可謂內容豐富，圖文並茂。簡言之，作者根據多年鑽研思辨所獲致的史識，透過精選的史料呈現與生花妙筆的鋪陳，將人物、歷史、宗教、文學、藝術融於一爐，讓有緣的讀者得以經由這些人物群像，一窺當時的佛教景觀、社會現象與藝文人士。

由於作者深厚的學術背景與宏觀的研究取向，此書可從宗教史、思想史、文化史、文學史、藝術史、交通史等不同角度切入，看作者在兩、三千字的有限篇幅內，如何巧妙呈現不同時代、宗派、背景、個性的法師，在歷史舞台上扮演各自的角色，作出不同的貢獻。各文以篇名言簡意賅地標明主旨，小標題綱舉目張地提示要點，文前的金句與文中的引文讓讀者得以品嘗歷史人物原汁原味的詩文，並不時以註釋說明典故及提供必要的資訊。這些文章的訊息豐富，文字密度高，有如作者以獨具的匠心搭建的七寶樓台，琳瑯滿目，讀者若能再三咀嚼，反覆玩味，必然別有會心。筆者拜讀後認為此書至少有幾項特色：

文字典雅：中文系科班出身的作者經年浸淫於經典古籍，練就深厚的文字造詣，介紹的明清佛門人物個個能詩善文，有些且擅長丹青、甚至建築。作者的文字與引用的詩文搭配得當，出入之間不僅不顯突兀，反而相得益彰。若干譬喻與用語更是活潑生動，出人意表，足證作者駕馭文字的功力。

資料豐富：作者鑽研此一領域多年，資料早已嫻熟，為了撰寫專欄，再次翻閱與消化相關人物著述，重新思考，剪裁織錦，信手拈來，如數家珍，若干罕見的文本、圖像更得以面世，讓讀者見識到佛門龍象的多重面向，塑造出生動立體之感。

體例得當：專欄文章有字數限制，書中大多數佛門人物資料豐富，要加以精簡而不令人覺得缺漏，其間的選材與鋪陳誠屬不易；反之，極少數的禪師則資料欠缺，必須根據有限的史料配合時代背景、宗教脈絡、甚至政治環境加以推斷，運用想像，建構出自足完整、前後呼應、具說服力的敘事與詮釋。這些努力使得最後的成品維持類似的篇幅與體例，非內行人難以看出作者的心血與功力。

如實觀察：高僧大德的修為自有傑出之處，故為世人景仰。然而面臨個人的生命抉擇，動盪的世局，尤其是政權的遞嬗，即使佛門人物也不免內心的衝突與掙扎。此書除了描述傳主屬靈的面向之外，並從其生平與詩文中呈現與世間凡夫相通之處，避免美化、神化，讓人見識到高僧大德人性與屬世的一面，而非遁隱山林、不問世事之徒，益發令人覺得親切。

文學解析：文為心聲，古有名訓。佛門人物往往以詩文言志記事，甚至訴說自家生平、證悟領會。一般佛教學者由於個人的專長與興趣，多著重於義理辨析與歷史考證，較少進行文學解析。作者的中文系訓練使他重視文本的肌理與結構，進行解讀與賞析，儘管因應各文脈絡而詳略不一，卻提供了讀者欣賞詩文的進路，從文學角度看待這些穿越時空而來之高僧的言跡與心聲，甚至以禪解詩，以詩證禪。

世局時勢：由於時空之隔，後代讀者難以設身處地了解前人處境，也就未能深入體會、感同身受。作者根據多位佛門人物的史料，建構出明清的時勢與世局，尤其面臨中土的改朝換代，文化與經濟重心轉移江南，而在國際情勢與變局中，中國與異域的關係更趨複雜，東方涉及越南、尤其是多方面受到禪宗影響的日本，西方則涉及挾帶科技新知洶洶而來、受到不少知識分子與朝廷重視的基督宗教，以及積極向外擴張的帝國勢力，從歷史的宏觀視野來定位並體認這些佛門龍象的處境。

性別角色：以往佛教史輕忽女性的地位與角色，以致相關史料與論述甚少，實為一大憾事。作者留意到此一缺失，鉤沉爬梳，特地介紹了明末的祇園行剛和清初的子雍成如，甚至在後者的有限資料中，發揮想像，試圖建構出合理的說法，並對兩位女禪師的角色與貢獻多所肯定，以期彌補過往佛教史的缺憾，可謂用心良苦。

此外，這些文章當然也會觸及相關學術研究，因而數度提到華文世界研究明末佛教的先驅聖嚴法師，認為他不僅在研究領域開風氣之先，也因直接披閱原始文獻，獲得第一手資訊，而能抒發創見，改變以往對於蕅益智旭的成見，提出重要的研究議題，從佛教學術史的角度予以聖嚴法師恰切的評價，讓人得以見識其在「宗教師」之外的「學問僧」角色。

在「巨浪迴瀾」專欄推出之前，個人便不揣淺薄提供先前為《人生》雜誌撰寫專欄的經驗，並建議作者以出書為目標，而這其實也是他已設定的方向。待全書完成後，並建議進行訪談。廖先生原本謙辭，覺得不必如此張揚。我則根據多年有關訪談的實務與翻譯經驗，說明訪談可提供作者與讀者之間獨特的溝通平台，藉由他人的扣問，作者得以現身說法，提供背景資訊，重申書中要旨，補充未盡之處，進行回顧與反思，訴說前瞻與期許，有其不可取代的功用。此外，訪談與內文之間也具有對話與彰顯之效。這些說法終於獲得作者首肯，相信讀者在閱讀書末近兩萬字的訪談後，對作者的胸懷與全書的旨趣都會有更深入的體認。

學院中人撰寫類似文章雖然無法列入正式的研究績效，卻更見其不計現實利益、致力於結合學術與社會的具體行動，藉此普及研究成果，廣結善緣，其社會影響反而往往大於學術論述，無怪乎訪談中屢屢提及「分享」二字。至於文中出現的「筆者」或「管見以為」，多為作者不吝分享的創見，值得特別注意。身為讀者的我們更期許未來因緣許可時，廖先生能再度與讀者分享知識、經驗、心得與智慧，進一步撰寫有關佛教文化史的著作，介紹佛教在文學、藝術、音樂、建築種種方面的表現與影響，並編選高僧詩文集，附以生平背景與文學賞析，引領讀者直入他們的歷史時空與心靈世界。

總之，《巨浪迴瀾》接引讀者進入明清佛門人物的外在環境與內心世界，藉由其生平與詩文、藝術，勾勒出人物群像。這些特立獨行的高僧大德乘風飛來又馭風飛去，以跌宕精采的一生，獨步於天上人間，並留下雪泥鴻爪，讓後世得以從遺下的詩文書畫、信函唱和中循跡探源，以意逆志，知人論世，探索他們所處的大時代，外在際遇，內心世界，宗教修為，悲心弘願，藝文表現，從而產生借鑒與提撕的作用，接續佛門心燈與慧命。

單德興

中央研究院歐美研究所特聘研究員

二〇一四年四月二十八日於臺北南港

目次

003 推薦序 乘風飛去又飛來，天上人間信獨步……**單德興**

第一篇 風骨奇絕續佛燈

016 **峭似高峰冷似冰** 你所不知道的**雲棲袾宏**
026 **事來方見英雄骨** 晚明文字禪教主**紫柏真可**
036 **兩燈並弘、窺基再來** 晚明一代奇僧**雪浪洪恩**
046 **家山到處歸** 融會百家的**憨山德清**
054 **天上人間信獨步** 晚明賢首宗寶通系開山祖師**月川鎮澄**
062 **突出大好山** 曹洞宗壽昌派開山祖師**無明慧經**
070 **不妨腰膝軟如泥** 晚明曹洞宗雲門系**湛然圓澄**
078 **滿肚無明火** 晚明臨濟宗巨擘**密雲圓悟**
086 **目前何地不均平** 晚明清初臨濟宗三峰派開山祖師**漢月法藏**
094 **在夢中作一齣好戲** 日本黃檗宗開山祖師**隱元隆琦**
104 **破戒止殺的西南禪燈** 逆行菩薩**破山海明**
112 **一卷殘經且自劬** 八不道人**蕅益智旭**

第二篇 亂世悲心度群迷

122 **建剎如那蘭陀** 真來佛子**妙峰福登**

130 **祖庭有記源流融** 明季天台巨匠**幽溪傳燈**

138 **獨有歸家路一條** 曹洞宗壽昌派第一健將**無異元來**

146 **剛將傲骨捄儒禪** 曹洞宗壽昌派重鎮**永覺元賢**

156 **大開爐冶鎔六合** 傘居大師**顓愚觀衡**

164 **盡大地是一劇場** 明清遺民佛教代言人**覺浪道盛**

180 **好捏人痛處，專犯人忌諱** 禪門怪傑**木陳道忞**

190 **棒風喝月走煙雲** 明末女禪旗手**祇園行剛**

198 **道宣律祖乘願再來** 南山律宗中興**見月讀體**

208 **怪來一隊書呆子** 清初粵東詩僧冠冕**天然函昰**

218 **好攜一滴灑遼東** 遼東禪學之祖**祖心函可**

228 **說法屢回天子詔** 大覺普濟國師**玉琳通琇**

236 **乘風飛去又飛來** 清初曹洞宗壽昌派殿軍**為霖道霈**

246 燕山一片雲——清初北方南詢女禪子雍成如

第三篇
詩文書畫信獨步

256 第一等偷懶沙門——孤高散聖雪嶠圓信
264 禪機詩學，總一參悟——詩僧第一的蒼雪讀徹
274 天地分明一夢中——滇南禪匠徹庸周理
282 青山頂上冷題名——滇中詩畫名僧擔當普荷
290 遺墨蒼龍破飛壁——一代畫僧髡殘石谿
300 十州三島沙門碼頭總舵主——嶺南高僧石濂大汕越南弘法
310 果熟香飄在日東——江戶琴學之祖東皐心越
318 後記……廖肇亨

附錄
321 《巨浪迴瀾》訪談錄
354 清初曹洞宗世系表
356 清初臨濟宗世系表
358 賢首宗雪浪洪恩一脈世系表

第一篇

風骨奇絕續佛燈

雲棲
袾宏

峭似高峰冷似冰

你所不知道的雲棲袾宏・・・・

明末四大家的雲棲袾宏，被尊為蓮宗八祖，提倡老實念佛，
他藉著淨土法門的弘揚，讓世人重新認識佛法的本質，
並藉此矯正禪修末流弊病。
在起落繽紛的紅塵俗世，始終堅持自己的理想，
不隨流風所轉，經營一方淨土，
是雲棲袾宏留給我們的啟示。

平生命坐太孤星，峭似高峰冷似冰；自主自賓還自僕，空菴空榻復空鐺。
藤蘿入戶無人翦，燈火消煙借月明；獨有纖毫孤未盡，白雲時至伴幽清。

——雲棲袾宏〈山居〉

提倡老實念佛的蓮宗八祖雲棲袾宏（一五三五—一六一五年），一生積極弘揚戒殺放生思想，對後世淨土宗的流傳影響深遠，是備受推崇的明代高僧。

佛教史對雲棲袾宏的評價大抵如此，但是雲棲袾宏的內心與一生不懈追求的理想，對筆者而言，卻始終龐大、複雜、難解。

雲棲袾宏在佛教史上的龐大形象，屢經有心人加以建構利用，未必是他靈魂真摯歸去的方向，宛如高掛壁上的御賜紫衣袈裟，他從不曾真正看它一眼。也就是說，俗世的榮光顯耀，不論是名聞利養或歷史評價，對雲棲袾宏而言，一點也不重要，甚至說雲棲袾宏對種種說法一點也不關心，當亦不為過矣，委實有真誠學道人的氣骨。

淨主禪從　矯正禪弊

那麼應該如何重新認識雲棲袾宏？

晚明佛教號稱復興，諸方豪傑競起。有窺基再來人（雪浪洪恩，一五四五—一六〇八年）、慧洪覺範（一〇七一—一一二八年）後身（紫柏真可，一五四三—一六〇三年）、大慧宗杲（一〇八九—一一六三年）的骨兒孫（聚雲吹萬，一五八二—一六三九年）、道宣律祖乘願再來（見月讀體，一六〇一—一六七九年）。雖然《楞嚴經》中諄告解「一作聖解，即受群邪」，但自命不凡之士充斥著晚明佛門。此外，曾經在中國佛教歷史上顯赫喧騰，卻又消失在夜空之中的唯識宗、雲門宗、溈仰宗等各宗各派，一時之間，彷彿在晚明中國的夜空中瞬間凝結，交響並奏，許多消失已久的教典在有心人的尋找發掘之下，又得以重新問世。

雲棲袾宏出家伊始，曾從笑巖德寶（一五一二—一五八一年）習禪，與其門下龍池幻有（一五四九—一六一四年）終身交好，又大力推崇高峰原妙（一二三八—一二九五年），著有《禪關策進》，於禪深有會心。從這個角度看，雲棲袾宏與五代時期的永明延壽（九〇四—九七五年）或元代的中峰明本（一二六三—一三二三年），具有高度的相似性，歷來提倡禪淨合一的禪門尊宿不知凡幾，雲棲袾宏勤修淨業的理論基礎亦與深心修禪有關。

不過管見以為：雲棲袾宏偉大的成就不僅是將禪淨融合，將思想史上「禪主淨從」翻轉成「淨主禪從」；當不是僅止於修行過程中念佛比例的提高而已，而是藉著淨土法門的弘揚，重新認識佛法的本質，以及藉此矯正禪修末流弊病。

雲棲袾宏興復淨土念佛法門，這句話說來容易，但如果我們考慮晚明時禪宗一枝獨秀的情形，或許對雲棲袾宏會更多一分敬意。

對佛教發展歷程稍有概念的人都知道，念佛法門兼攝權實，融貫顯密，實非淨土一門所專擅。如果蓮宗系譜可信的話（這個系譜的建立，民國高僧印光大師著力頗深），蓮宗七祖省常以後的淨土宗傳承可謂中絕，一直到蓮宗八祖袾宏，至少有五百年的空白。五百年間，雖然不廢念佛的禪門宗匠屢有所聞，但幾乎未聞直持淨土念佛法門標宗立派。稱名念佛、願生極樂等法門其實貫串各家各派，因此佛教史專家湯用彤先生（一八九三－一九六四年）否認淨土宗是一個獨立的佛教宗派。

在明代，明太祖分佛教為禪、講、教三科，所以在明代的現實環境之中，淨土宗不可能獨立存在。因此，雲棲袾宏力主持戒念佛（雖然仍然帶有高度的禪宗門風），以戒殺放生為法門，又是一時人望所歸，多少亦有幾分標宗立派之實，但在現實環境的制約之下，開宗立派已經註定是不可能的任務。雲棲袾宏成為晚明佛教淨土的代言人之後，又與諸方論戰不休，於禪家教家的批評之語絕對不假辭色，言辭激切，頗有明人儼然一代教主之姿。因此，雲棲袾宏可謂扶傾救倒。

抨擊外學之風

對雲棲袾宏而言，禪也好、淨也好、戒律也好，最重要的是如何把握佛法的本質。佛陀遺教「以戒為師」——戒律是佛法根本，不能真確把握戒律，就不能認清佛法。因此，雲棲袾宏除了弘揚淨土法門之外，對戒律的整理成為雲棲袾宏最重要的使命，這也是從本質認識佛法。

跨界創新，是晚明叢林風氣與文化趨勢共通的傾向。晚明的佛教界，對《西廂記》情有獨鍾，清初的金聖歎更全從趙州無字公案解讀《西廂記》；以禪學說《莊子》者也盛極一時，一時之間，莊子成為達摩東來以前的禪門大德，也就是祖師爺之前的祖師爺，至於種種儒佛會通的嘗試更是司空見慣。

而僧人除了佛法之外，也以兼擅外學為榮，特別是詩畫一類的藝文才具。當時東南尊宿憨山德清（一五四六—一六二三年）、雪浪洪恩、紫柏真可於此皆有推波助瀾之功，然而凡此種種，雲棲袾宏皆大不以為然，屢屢為文抨擊。雲棲袾宏除了對當時僧人駁雜外學之風深惡痛絕之外，對於當時新興的文類，例如小說戲曲，也不懷好意，以下這段出自雲棲袾宏《自知錄》的功過評價，經常被文學家拿來做為當時保守派反對戲曲的證據。雲棲袾宏認為：

著撰脂粉詞章傳記等，一篇為一過，傳布一人為二過。自己記誦一篇為一過。

換言之，戲曲的撰述者固然有其缺失，但散布流傳的人更是罪無可逭。如果在今天，把引人遐思的照片或作品貼在網路上的人，恐怕更是罪過滔天。文學家往往將雲棲袾宏這段話視為守舊勢力的刻意打壓。

從這個角度看，雲棲袾宏豈止主張「老實念佛」而已，根本是一個堅守信念的戰士。為了捍衛心目中的理想，身命在所不惜，何況一時毀譽。

提煉無垢的佛法精華

詩詞藝文的優劣，從來不是雲棲袾宏生命終極關懷所在。在某些時候，雲棲袾宏也用晚明以來流行一時的戲曲，來說明佛性如如不動的本質（見《竹窗隨筆》的〈禪佛相爭〉）。真正憂心的是佛法本質的變化，如同一杯牛奶，加入木瓜或西瓜的口味之後，是否能繼續維持牛奶的營養，或口味呢？

雲棲袾宏雖然不廢禪修，但綜觀晚明以來的禪學發展，早已超越雲棲袾宏所熟悉的公案禪、念佛禪，有各種各樣的禪法，例如「大冶洪爐禪」、「文字禪」、「喇嘛禪」、「莊禪」（以禪解莊），甚至還有毀律破戒之嫌的「無礙解脫禪」等等。換言之，已有太多未經淨化的雜質混入其中。相對於禪法與種種外學的雜糅，有太多不可確定的因素，反倒不如專修淨土來得純粹，而且保險。也就是說，雲棲袾宏只致力於提煉晶瑩無垢的佛法香精，雖然只是一味簡單的原料，數百年之後，仍然濃郁芬芳。

雲棲袾宏留下的詩作不多，但亦能見其襟抱。例如以下這首〈山居〉：

平生命坐太孤星，峭似高峰冷似冰；自主自賓還自僕，空菴空榻復空鐺。

藤蘿入戶無人翦，燈火消煙借月明；獨有纖毫孤未盡，白雲時至伴幽清。

全詩充滿空寂的意蘊，以及遺世獨立的情調，孤高冷峻的語氣如同其持戒精嚴之道德形象，卻又保留一份謙抑自持之心，全詩可視同夫子自道。但看似嚴肅冷峻的雲棲袾宏，偶爾也有一點幽默，他也為自己的蛀牙寫過一首有趣的詩〈示牙蟲〉：

憶昔甫幼沖，斯齒為爾食。工如匠鑿山，狡如狐處窟。
覓之不可見，驅之不可出。殘缺我門戶，崩頹我垣壁。
比鄰失所侶，配偶亡其匹。幾年百之半，已落三之一。
或陳戟刺方，或獻火攻策。客憐而教我，我笑而謝客。
祇因咀嚼礙，所以討治急。段食棄如唾，水飲甘如蜜。
此樂常有餘，彼害奚足戚。般勤報爾蟲，安隱寓吾室。
佛尚捨全身，吾何吝纖骨。吾骨及爾躬，二俱是幻色。

雲棲袾宏在這首詩中，難得地幽了自己一默。古人以為蛀牙乃由於牙蟲作祟。從現代醫學的角度可以從這首給「牙蟲」看的詩，看雲棲袾宏牙齒的健康狀態，可能比較接近嚴重的牙周病。

這首詩一點也不難解。這首詩的對象是牙蟲，用現在的觀念看，就是細菌。「憶昔甫幼沖，斯齒為爾食」是說牙齒遭到牙蟲的侵蝕非一朝一夕，可見雲棲袾宏牙痛很久了。「工如匠鑿山，狡如狐處窟」是說牙齒剝蝕形成孔穴，形狀非常完整。「覓之不可見，驅之不可出」是說找不到罪魁禍首的牙蟲。從現在的角度看，真正凶手細菌豈是我輩肉眼凡夫所能見耳？「殘缺我門戶，崩頹我垣壁。比鄰失所侶，配偶亡其匹。」都是講牙齒殘缺不全的情況，雖然不無誇張的成分，但情況恐怕也不會太好，門牙、臼齒都已掉落。不到五十歲，牙齒已掉落三分之一，而且親朋好友紛紛獻策要來對付這群搗亂的牙蟲小鬼。

如果不是已經造成吃飯的障礙，雲棲袾宏本來也想效法佛祖捨身飼虎、割肉的精神，將此肉身奉獻牙蟲，讓牙蟲可以安隱其中。因為牙蟲與肉身，都是幻相。這首詩除了說明一代高僧雲棲袾宏亟需進行牙齒保健治療之外，牙齒的健康情況不佳，事實上多少也反映雲棲袾宏長期處於緊張的心理狀態。

這首詩說明雲棲袾宏雖然表面嚴肅，但絕非刻意板起臉孔、難以親近之人。雲棲袾宏的弟子虞淳熙（一五五三—一六二一年）曾經描述他：「平居笑談諧謔，脫洒委蛇，有永公清散之風，未嘗一味槁木死灰。」這首自我調笑蛀牙的詩正好反映了雲棲袾宏「笑談諧謔」的作風。這不僅不會減損雲棲袾宏在佛教史上的崇高形象，反而更接近一個大修行人解脫無礙的理想境界。雲棲袾宏固然是偉大的蓮宗八祖，但也有俗世的困擾與磨難。

不論禪宗或是淨土，如何始終堅持自己的理想，不隨人腳跟轉去，在起落繽紛的紅塵世俗，經營一方淨土，或許是雲棲袾宏留給我們最重要的啟示。

紫柏
真可

事來方見英雄骨

晚明文字禪教主紫柏真可⋯⋯

明末四大師之一的紫柏真可，終身修習不倒單，承擔刊刻《嘉興藏》的責任，提倡文字禪，除了關注佛教發展，更悲憫蒼生疾苦，不顧個人生死批評時政，導致被羅織「妖書」罪狀，最後獄中坐化，其不懼生死的大無畏形象，已然在中國佛教史上挺立。

百戰將軍未肯降。太虛空裡割疆場。凍雷出地醒殘夢。別有梅花一段香。

——紫柏真可〈初于聞中入流亡所頌〉

晚明清初，佛教高僧輩出，不論在經典、儀軌、戒律、文化等方面都有傑出的成就，但明清高僧與魏晉、唐宋祖師最大的差別之一，在於這個時代的每個人物都有鮮明的個性，在傳世眾多史料中散發出動人的光彩。

從佛教來看，諸佛聖人的成佛皆在人間，因此，諸佛祖師仍然必須歷經人世的喜樂、想望、悲傷與憤怒種種試煉。晚明高僧無一不具有鮮活的個性，說明他們曾來過人間，在滾滾紅塵中成就道業，同時也具有世間人物的悲與喜。

其中，若言萬曆三高僧之一的紫柏真可的性格，是明清高僧中最為鮮明的一人，當不為過矣。

晚明以來，雖然尚佛風氣席捲江南士林，但讓心高氣傲的士大夫傾心歸服的例子並不多見。當時藝文界的龍頭湯顯祖（一五五〇—一六一六年）（戲曲）、董其昌（一五五五—一六三六年）（繪畫）等人，莫不爭先禮敬紫柏真可，其影響力幾乎可與李卓吾[1]等量齊觀，有趣的是李卓吾晚年也剃髮出家，當時號稱「兩大教主」，尤其是紫柏真可的思想對有「中國莎士比亞」雅號、著《牡丹亭》的湯顯祖，發揮怎樣的決定性力量，始終是明代文學研究者關注的焦點。

輕侹少年聞佛名出家

紫柏真可的生平就是一齣動人的傳奇。出家、修學、大闡佛陀教化，乃至於獄中坐化，甚至於圓寂之後，據說十餘年肉身不壞，無一不充滿戲劇張力。如果說性格決定命運，那麼造就紫柏真可傳奇一生的根本原因，還是在於其威猛剛烈的個性。

紫柏真可，俗姓沈，諱真可，字達觀，晚號紫柏道人；祖籍句曲（今江蘇省句容縣），後遷至吳江太湖（今江蘇省吳縣）。出家以前的紫柏真可自稱「吾本殺豬屠狗之人，唯知飲酒恃氣而已」，雖然未必真的是一個屠夫，但可以想見大抵是混跡市井的無賴之徒一類。只因與某位僧人的偶然邂逅，在虎丘寺中聽聞八十八佛名便生歡喜心，隔天旋即剃度出家。從此，一生脇不至地（未躺臥），不倒單直至圓寂，這絕不是一般人可以做到的。

紫柏真可勇猛精進，無所懼畏的豪勇氣概，源自天賦異稟。少年時「殺豬屠狗」、

「飲酒恃氣」，原是生命方向混沌未明，一旦當他心力集中於佛法一事，猶如熾烈的陽光聚焦於一點之上，遂迸發出驚人能量，沛然莫能禦，在中國佛教發展上留下不可磨滅的巨大足跡。

承擔《嘉興藏》刊印責任

紫柏真可在佛教史上最值得稱道的成就，無疑是刊刻《嘉興藏》，特別是以方冊藏（線裝）的方式行世。在此之前的佛典多是厚重的高文典冊（經摺本），外觀極其厚重莊嚴，卻不易攜帶，無法隨時閱讀。方冊藏的出現，意味著佛法可以進一步融入一般人的日常生活，不只是供奉在藏經閣中的文化遺產之類的奢侈品，而像日常生活必需品，隨時觸手可及。

嚴格來說，刊行方冊藏的意見最早並非紫柏真可所提出，而是由寫作《了凡四訓》的袁了凡（一五三三—一六〇六年）等人倡議，但由於工程浩大，無人願意承擔。紫柏真可獲悉之後，義無反顧地接手此一重責大任。最初在五台山，後因五台山長年寒冷潮濕，移往嘉興楞嚴寺，此一工程雖然亦有部分來自朝廷的資助，但背後的資源主要還是來自嘉興地方（以及鄰近的江南地區）的士人，《嘉興藏》某種程度反映了晚明時期江南地方璀璨的出版文化。此一重大工程，窮紫柏真可畢生之力亦未能完成，在紫柏真可之後，其弟子密藏道開等人持續接力完成。

歷來藏經的刊登，若無朝廷的支持，幾乎註定無法成事，如果一開始沒有紫柏真可的勇敢任事，《嘉興藏》也許仍然只是江南士人一個美麗的願景而已。而紫柏真可竟然不畏萬難，於平地中大掀風雷，豈只特出於晚明之上，即使唐宋諸大祖師亦不免瞠乎其後。光是刊刻《嘉興藏》一事，就足以讓人對紫柏真可無限崇仰。日後隱元隆琦（一五九二—一六七三年）東渡日本，攜去一套《嘉興藏》，又另外在日本重新開版，別稱《黃檗藏》；從前日本稿紙二十乘二十的格式，據說便是源於《黃檗藏》的版式。

重新喚起對經典的重視

《嘉興藏》的刊刻，一方面說明佛法的普及與深入民間，另一方面也意味著佛教內部重視經典的聲音與日俱增。晚明由於禪風日熾，各言其是，彼此不能相互折服，經典反而成為各家各派重視的共同準據。紫柏真可一再強調禪悟與文字之間互為表裡的關係，也對當時叢林棄置經典不觀的風氣深感憂心，他曾說：

凡學佛人，不通文字般若，即不得觀照般若，不通觀照般若，必不能契會實相般若。今天下學佛人必欲排去文字，一超直入如來地，志則高矣，吾恐畫餅不能充飢也。

簡單而言，深研經典是修禪悟道不可或缺的基本工夫，學佛人（特別是宗門中人）若是自視太高，以為超佛越祖易如反掌，完全置經典於不顧，無異於畫餅充飢，全是一場空談。從這個意義上來看，紫柏真可是個不折不扣的戰士。

「東書不觀」的宗門中人就是他的敵人，而他最重要的武器是「文字禪」。「文字禪」包含雙重涵義，一為重視經教，一為重視藝文創作。晚明僧人重視藝文，傑出的詩僧畫僧代不乏人，雪浪洪恩亦是一時翹楚，但紫柏真可更受時人與後代注目的原因，在於紫柏真可激進的態度，與大無畏的壯士氣概。

「今之覺範」推動文字禪的教主

除了刊刻藏經以外，在紫柏真可刻意的詮釋建構之一，正宗「文字禪」的開山祖師——北宋禪僧慧洪覺範，一時之間又成為眾人景仰學習的對象，當時的人亦經常將慧洪覺範與紫柏真可等量齊觀，稱之為「今之覺範」。紫柏真可甚至明白說：「禪如春也，文字則花也。春在於花，全花是春，全春是花。而曰禪與文字有二乎哉？」文字就是禪境修為的當下呈現，來為文字禪的正當性辯護。

本來，禪宗對經典文字功能的不完整與缺陷，有深刻的反省。文字禪是否真能適當傳達禪門修證的真髓，以今視昔，紫柏真可的理論言說恐怕有過於單純之虞。但不可否認，這樣的說法受到廣大士人階層的歡迎，也是文人習禪合理化的藉口。紫柏真可成為風靡一世的「教主」，一點也不令人意外。

不過，紫柏真可絕非刻意投其所好。在紫柏真可的血液當中，戰士的基因畢竟決定他的命運。紫柏真可曾說他生命中有三個重大的遺憾：「老憨（憨山德清）不歸，則我出世一大負；礦稅不止，則我救世一大負；傳燈未續，則我慧命一大負。」

當時憨山德清得罪當道，流放嶺南；「傳燈未續」則特指刻藏一事未成，皆屬佛門心曲。但「礦稅」[2]則是造成黎民百姓萬分痛苦的國家政策，與佛門其實無關，紫柏真可身為佛門中人，竟敢冒天下大不諱干預時政，得罪當道頗多亦是意料中事。

明神宗萬曆三十一年（一六〇三年），有心人刻意羅織罪名，以「妖書案」[3]的名義，致使紫柏真可入獄，以迅雷不及掩耳的速度逮捕、定罪，這期間紫柏真可吃的苦頭不難想見，行刑前夕，紫柏真可於獄中坐化圓寂，為明代佛教最著名的公案之一，一般稱之為「獄中坐化」。

「獄中坐化」見英雄骨

從紫柏真可「獄中坐化」一事，可看出紫柏真可已經證得坐脫立亡、自由去來的遊戲三昧。據說其侍者在紫柏真可圓寂之際，忍不住掉淚，卻被紫柏真可喝斥：「你服侍我二十年，在生死之際，還是這樣扭捏作態。」筆者見聞所及，晚明高僧去就之際，堪與紫柏真可獄中坐化的境界相提並論者寥寥可數。

紫柏真可既然以文字禪代言人自居，精通詩藝自然不在話下。但仍以其獄中臨終所作最為動人。其臨終偈九首，無一不令人動容。茲舉第一首為例，詩云：

事來方見英雄骨，達老吳生豈夙緣。
我自西歸君自北，多生晤語更泠然。

達老，即紫柏真可；吳生，指吳彥先，當時與紫柏真可同繫獄中。紫柏真可不是無情，而是道業圓熟得力。全詩眼目全在發端「事來方見英雄骨」一句，佛為一大事因緣出家，紫柏真可獄中坐化一事，充分說明他的英雄氣概。

刊刻藏經、提倡文字禪，都是不世出的偉大事業，甚至可說是無中生有，難得的是，對社會的不義、改革的熱情始終不變，至死不渝。終身修習不倒單的紫柏真可，那大無畏的勇者形象，深入領略獅子奮迅三昧的真諦，在中國佛教史上永遠挺立。

1 李卓吾（一五二七—一六〇二年），又號篤吾、宏甫，別號溫陵居士，福建晉江（今泉州）人，為明代著名的思想家、史學家、文學家，也是晚明「左派王學」中最富爭議性的人物，在晚明即出現截然不同的評價，一方面著作受到社會大眾普遍歡迎，另一方面則在知識分子激起強烈的批判，特別是東林黨的領袖，如清初晚明遺老大學問家、大思想家顧炎武（一六一三—一六八二年）、王夫之（一六一九—一六九二年）的批評尤其苛刻。

2 萬曆皇帝由於財用不足，派出宦官充任特使，以開礦為名，四處橫徵暴斂，民怨甚深，史稱「礦稅」。

3 當時萬曆皇帝因為立嗣問題與朝中大臣關係緊張。萬曆三十一年北京出現一部《續憂危竑議》，言萬曆皇帝立嫡非出於自願，重新掀起朝政的風暴，史稱「妖書」。

兩燈並弘、窺基再來

晚明一代奇僧雪浪洪恩

雪浪洪恩因聞唯識奧旨，即刻頓明宿因，當下決定剃髮出家，
被當時人視為窺基再來，年十八便登大報恩寺副講，
少年得志的他，處世風格雖備受爭議，
卻也是轟動朝野的一頁傳奇，
最重要的是他於晚明弘揚賢首、慈恩兩宗的貢獻，
使晚明佛教復興的大戲，
就在雪浪洪恩之後緩緩揭開序幕。

我不是這個家數，無煩爾爾。

——雪浪洪恩

再曠達的人，內心恐怕也有一個秋天格外蕭瑟，久久難以忘懷。晚明雖然號稱佛法中興，但關於這波佛法復興契機確切的起源，學界始終莫衷一是，比較可靠的講法將萬曆三高僧（憨山德清、雲棲袾宏、紫柏真可）的出現做為晚明佛教復興的徵兆。不論講經弘法或著書立說，萬曆三高僧都值得世人敬仰，但如此一來，另一位推動晚明佛教復興的關鍵人物雪浪洪恩便往往為人所忽略。

貫通唯識教理的法門龍象

雪浪洪恩，字三懷，俗姓黃，生於明嘉靖二十四年（一五四五年）。年十二，於南京大報恩寺出家。年十八便已於大報恩寺登副講。年二十一，始習世俗文字，所出聲詩，三吳人士以為瑰寶。及登講座，盡掃訓詁，單提本文，自此說法三十年，門風鼎盛，無有比者。雪浪洪恩晚年因論詩得罪當時高官郭正域（曾官禮部侍郎），被逐出大報恩寺，遂棲止於蘇州望亭，萬曆三十六年（一六〇八年）於當地圓寂，年六十四，僧臘五十一。

雪浪洪恩少年得志，史料說他年未弱冠時，諸大部經論卻都已熟若反掌，特別是唯識奧旨一聞契入，頓入玄門，恍若宿習。當時唯識湮沒已久，據說是雪浪洪恩的太老師魯庵普泰（晚明唯識學開創者，生卒不詳）在一個特殊的機緣之下重拾唯識教旨[1]，故而對一般人而言，唯識學仍屬新奇難解，而雪浪洪恩聞法當下便於唯識教理豁然貫通，且即刻頓明宿因，當下決定剃髮出家，由此觀之，雪浪洪恩於佛法絕非出自知識理性的分別作用，實是累世種子熏習久遠，是以當時人往往視雪浪洪恩為窺基再來。

雪浪洪恩講經生動活潑，堪稱說法一代名家，能令頑石點頭的生公亦不過如此，連同門昆仲憨山德清都稱羨不已，大概是由於雪浪洪恩口才過人，於是虞淳熙等士大夫便邀請雪浪洪恩代表佛教，與當時抵達的天主教士利瑪竇（一五五二—一六一〇年）進行一場辯論，在利瑪竇的著作中，清楚記錄此事。因此，雪浪洪恩雖然不像後輩密雲圓悟（一五六六—一六四三年）、蕅益智旭（一五九九—一六五五年）那樣，與天主教大打筆戰，不過卻是站在第一線，直接面對晚明新興勢力天主教的法門龍象。

雪浪洪恩處世風格備受爭議，終日談詩論戲，與當時名優寇四兒同席進餐，又有侍者數人「皆韶年麗質，被服紈綺，即納衣亦必紅紫，幾同煙粉之飾」等等，皆成為對手攻訐雪浪洪恩的口實。平心而論，有幾個漂亮女生跟在身邊，與時尚名媛吃頓飯，還有衣著華麗，這些當時備受物議的行為現在來看，也談不上什麼了不起的罪過，更與破不破戒無關，說實話，筆者總懷疑那些批評雪浪洪恩的人內心或許不無嫉妒之意，雪浪洪恩的這些行為與二祖酒肆調心比起來，還是小巫見大巫，故而與其說雪浪洪恩輕忽戒律，毋寧說更多了點文士的風流灑脫。

不過，也因為這樣，雪浪洪恩的傳奇色彩也就愈發濃厚了。

轟動朝野的神異傳奇

雪浪洪恩在當時江南各地聲名顯赫，據說「至吳、越時，士女受之如狂，受戒禮拜者，摩肩接踵，城市為之罷市」，風度翩翩，不論其言行、衣著都成為時尚名流仿效的對象，晚明時，僧家水田衣風格成為社會一時最為時髦的流行風尚，據說就是仿效青年住持雪浪洪恩鮮明豔麗的袈裟。要知明代佛教界，南京大報恩寺地位幾乎就是全國佛教義學（特別是華嚴學）中心的代名詞，大報恩寺住持的地位崇隆，與叢林諸山長老不遑多讓。

雪浪洪恩俗家父母本為富甲一方的豪商巨賈，然而其能捨棄富貴，童真入道，初聞經旨就能頓明因地、禪教兼習，賢首、慈恩兩宗並弘，美風儀，詩文高華，說法活潑生動，能令頑石點頭，幾乎融支遁（三一四—三六六年）、竺道生（三五五—四三四年）、窺基（六三二—六八二年）三人於一身，世間出世間打成一片，融通無礙，反常合道，古今到此境地者有幾人哉？雪浪洪恩的出現，既是引導服飾風格的時尚名流，更是轟動朝野的神異傳奇。不但是佛教界的話題人物，更集知識界所有目光於一身，一躍而為文化界的意見領袖。

不論文人名流、販夫走卒，莫不以雪浪洪恩的接晤高自標置，當時號稱博學第一的儒者焦竑（一五四〇—一六二〇年），也十分推賞雪浪洪恩。用今天的話說，雪浪洪恩廣大的粉絲群遍及各個階層。別忘了，他充任大報恩寺副講只有十八歲，住持大報恩寺務兼講經主大約只有三十歲，與各大叢林諸山長老不可同日而語，可惜我們現在無緣親睹那當時名動江南的美少年住持，只能從史料中想像他當時眾生傾倒的迷人風采。

首開僧人習詩之風

但雪浪洪恩絕不只是個話題人物而已，雪浪洪恩對佛法的貢獻絕對不在萬曆三高僧之下，雪浪洪恩出身當時南京義學中心大報恩寺，對華嚴教學了然於胸自然不在話下，特別推崇唐代的清涼澄觀（七三八—八三九年），清涼澄觀在晚明時重獲重視，第一功臣首推雪浪洪恩。雪浪洪恩又曾編纂《相宗八要》，對明末唯識學的復興貢獻極大，憨山德清稱譽他「名播寰中，不忝慈恩之窺基」，絕非刻意標榜揄揚。

撇開雪浪洪恩特異獨行的處世風格不談，從佛教史的角度看，雪浪洪恩的出現標誌晚明佛教的幾個明顯特徵：一、性相融合與禪教合一的思想傾向。二、兼重詩文外學，著意於打通世間法與出世間法的差別。三、編纂《相宗八要》，也就是說，具有強烈回歸經典的取向。而這些特色，同時也通貫晚明佛教叢林不同門庭之間的共同特徵。此外，嘉靖年間，大報恩寺塔慘遭祝融，日後募緣修復，幾乎全仗雪浪洪恩一人獨力完成。

《華嚴經》曾以五地菩薩學習世間技藝的必要性說道：「此菩薩摩訶薩，為利益眾生故，世間技藝，靡不該習。所謂文字、算數、圖書、印璽、地水火風、種種諸論，咸所通達，又善方藥療諸症，顛狂、乾消、鬼魅、蠱毒、悉能除斷。文筆、贊詠、歌舞、伎樂、戲笑、談說，悉善其事。」這段話成為雪浪洪恩強調僧人習詩有助於弘法利生最重要的理論依據，同時也開創了晚明以來佛教叢林習詩作畫之風。

過去叢林習詩主要以禪僧為主，晚明以來大規模僧人習詩之風昉自雪浪洪恩，晚明的叢林習詩風尚，可謂因教及禪。雪浪洪恩及其弟子在晚明首開僧人習詩之風，大抵包括友人憨山德清、以及門弟子臞鶴寬悅（生卒年不詳，雪浪弟子）、蘊璞如愚（一五六一——一六二三年）、雪山慧杲（生卒年不詳，雪浪弟子）、湛懷欽義（生卒年不詳，雪浪弟子）、一雨通潤（一五六五——一六二四年）等人。門下龍象輩出，影響所及，遍於南北。憨山德清曾羨慕地說：「好學人吾兄一網打盡。」晚明萬曆年間之後的叢林喜尚為詩蔚然成風，雪浪洪恩可說是始作俑者，雖然雪浪洪恩晚年不斷對此深以為憂，經常自咎應該為敗壞叢林風氣負責（或許也有一點點自豪）。

睥睨人世的孤鷹

在雪浪洪恩的師友當中，憨山德清最為人所熟知，雪浪洪恩與憨山德清「出同時、居同寺、語同韻、學同調、互相激揚、以道自勵」，兩人少同筆硯，友于兄弟。在今日傳世的憨山德清著作中，也有多處引用雪浪洪恩之語而未註明。當時雪浪洪恩鋒頭太健，憨山德清不得不離開大報恩寺，前往北京與五台山另謀發展，最終名滿天下，亦晚明社會中特殊的時節因緣所致，雪浪洪恩弟子巢松慧浸（一五六六—一六二一年）、一雨通潤，及其再傳弟子蒼雪讀徹（一五八七—一六五六年）、汰如明河（一五八八—一六四〇年）。巢松慧浸以說法見長，一雨通潤以註經鳴世，又有「巢講雨筆」之目。

雪浪洪恩門下固然濟濟多士，但在他心上烙下印記的人，卻是背叛他的得意門人蘊璞如愚。前已言之，雪浪洪恩之所以離開大報恩寺，在蘇州望亭漂泊的原因，乃是由於得罪當時高官郭正域，介其間者當即其徒蘊璞如愚。郭正域與蘊璞如愚二人同為湖北人，有江夏同鄉之誼，郭氏又與利瑪竇交好，晚明天主教在中國傳教的過程中，得力於郭正域之處頗多，雪浪洪恩晚年境遇不遂或為晚明佛耶之爭波及所衍亦未可知。

關於蘊璞如愚其人，他的湖北同鄉晚輩杜濬曾形容「同時聞人如郭美命（正域）宗伯、湯嘉賓祭酒，皆極口稱許，於是詩名噪宇內，而愚公復以無礙辯才，為東南都講，座下常數千人，其門維那、書記莫不筆勢翩翩，人人有集，緊其盛也」，足見其聲勢亦盛，雪浪洪恩難攖其鋒，只好選擇離開南京大報恩寺。

雖然當時為雪浪洪恩打抱不平的人所在多有，但雪浪洪恩卻選擇默默離開，離開南京大報恩寺後的雪浪洪恩，開接待院於蘇州望亭，日則隨眾作務，夜則燃燈說法，仍然講經說法不輟，「結茅飯僧，補衣脫粟，蕭散枯淡，了非舊觀」。就此觀之，雪浪洪恩晚年風光景致，幾乎到達了「樹葉凋落，體露金風」的境界，與青年時期刻意作奇又不可同日而語。據說雪浪洪恩於望亭臨終之際，弟子環繞念佛，雪浪洪恩忽張目道：「我不是這個家數，無煩爾爾。」其本色力量精強若此，筆者聞見所及，明清僧人臨命終時，以紫柏真可圜中坐化與雪浪洪恩臨終拒斥周遭助念二者最為撼動人心。

佛言一切眾生，如空中鳥跡。雪浪洪恩一生的事業皆與大報恩寺相始終，雪浪洪恩世間榮辱皆不入其心，來則來，去則去，愛恨皆不著心，像是睥睨人世的孤鷹。雪浪洪恩在世之際，始終在天際翱翔，留給世間無盡的讚歎與仰望，就連沒入空中的身影，都是最燦爛的高空翻轉。晚明佛教復興的大戲，就在雪浪洪恩高妙的高空飛行之後緩緩揭開序幕，還有許多英雄好漢即將輪番登場上陣，值得拭目期待。

1 據說魯庵普泰有次行腳，在人家屋簷下避雨，聽到這家人竟然在談論唯識要義，魯庵普泰大驚，遂求其授法，留宿月餘，盡得其法而去。

憨山德清

家山到處歸

融會百家的憨山德清‧‧‧‧

明萬曆三高僧之一的憨山德清，
才智出眾，廣學百家，復興禪宗，
雖然一生歷經世事的磨難與東南西北的漂泊，
然「不入大冶紅爐，誰知他是鐵漢」？
在佛教史上的角色，
是晚明佛教界與知識階層的對話窗口，
顯現世間儒、出世間佛融會無間的表徵。

莫問前途事，家山到處歸
——憨山德清〈從軍詩〉

離開大報恩寺這個決定不但改變了憨山德清的命運，也造就了中國佛教史的「曹溪中興之祖」。在憨山德清波瀾壯闊的一生中，身不由己的時刻居多，當初離開南京大報恩寺的澄印，在五台山易號憨山，卻一躍登上歷史舞台，擔荷中國佛教中興，世代受人瞻仰，成為一代宗師。

融攝百法　菁英少年

憨山德清，俗姓蔡，字澄印，號憨山，諡號弘覺禪師，明朝安徽全椒人，出身南京大報恩寺，本為明代佛教義學的中心，而明代佛教義學之首實為華嚴。憨山德清因仰慕澄觀大師，故號澄印，住五台山八年，迎入月川鎮澄（即空印鎮澄，一五四七—一六一七年），興復五台山道場，暮年「力提《華嚴綱要》」，其知識結構中的華嚴色彩歷歷可見。

除此之外，憨山德清著意禪宗、老莊、儒學，又長於詩文，著述幾乎無所不包，從著述量來說，在明代幾乎無人能出其右，從這個角度來說，也算華嚴學「一多相即」的具體實踐。憨山德清不拘一家，融攝百法，自成一家。因此，強調臨濟正脈一枝獨秀的說法出現的時候，憨山德清大不以為然也是意料中事。

明代初期，佛教雖然也經歷光榮燦爛的時期，但中葉以來，卻極度衰微，特別是僧人素質低落，僧人目不識丁者大有人在。從其《自敘年譜》來看，在決意從出世間弘揚佛法前，憨山德清受過良好的世俗教育，甚至因成績太好，也曾動過應舉的念頭，在當時的佛教界，絕對稱得上「少數菁英」。

憨山德清對太師祖西林永寧（一四五三——一五三五年）的孺慕之情終身不減，最重要的原因就是「太師祖」為他選擇打造良好的教育。從這點來看，憨山德清早受長輩青睞，成為「刻意培養」的人選之列，其命運已隱隱然註定與未來明代佛教的氣運結下不解之緣。

綜觀憨山德清的一生，童真入道、出身大報恩寺（佛教義學中心）、得到西林永寧未來接班人的囑託，以及與當時詩壇牛耳王世貞昆仲[1]、汪道昆等人同席論詩，這是多少詩人夢寐以求的遭遇，而且在五台山證入觀音耳根圓通三昧，又因祈嗣法會的成功，來自皇室（特別是太后）的尊崇支持、興復曹溪道場（禪宗根源），種種經歷無一不足以傲視群倫。即便遠戍嶺南時，亦屢以大慧宗杲自擬，憨山德清的「菁英意識」歷歷可見。

恥居人後　好為人師

菁英往往有兩個性格特質，一是「恥居人後」，一是「好為人師」，憨山德清完全符合。好為人師不必多言，晚明清初的佛門人物，各地的高僧居士，除了臨濟宗的密雲圓悟之外，幾乎都受過憨山德清的提攜獎掖，臨濟宗的雪嶠圓信（一五七一—一六四七年）、曹洞宗的無明慧經（一五四八—一六一八年）、湛然圓澄（一五六一—一六二六年）的崛起，憨山德清居功厥偉。

而「恥居人後」，就是憨山德清離開南京大報恩寺的決定性因素。憨山德清固然穎異，但當時南京大報恩寺鋒頭最健的人卻是雪浪洪恩。雪浪洪恩十八歲即充副講，當時在江浙一帶可以讓「城市為之罷市」，人氣之旺，遠非青年憨山德清所能望其項背，在當時的條件之下，只能離開大報恩寺，另闢新天地，除此之外，憨山德清別無選擇。即使雪浪洪恩與憨山德清是從小一起長大的摯友，但憨山德清絕不甘屈於人下。

不過，憨山德清雖然具有強烈的菁英意識，卻不妄自尊大。相反地，憨山德清對廣結善緣一事深得箇中三昧。為了興復大報恩寺，不得不與皇室打交道，幾乎直達天聽（太后），卻從不妄攀外緣。憨山德清最擅長的是「跨界結盟」，例如早年在南京認識的北地僧人妙峰福登（一五三九—一六一二年），成為憨山德清進入五台山的導遊兼盟友，與皇室結緣，以為修助祖庭大報恩寺的助緣。

融通性相　別無特出

最重要的是，憨山德清與當世一流知識人的往來無間。眾所周知，明清時代的經濟特權與文化話語權幾乎完全為鄉紳知識階層所宰制，憨山德清於此了然於心，管見以為，憨山德清是晚明佛教界最重要的溝通橋梁，既是佛教界與知識階層的對話窗口，也是江南佛教（掌握文化話語權）與北地佛教（掌握實際的政治權力）的媒介。當然更是世間（儒）、出世間（佛）融會無間的表徵。

不過正是由於其興趣太廣，朋友太多，憨山德清始終無法一門深入，因此大師雖貴為萬曆三高僧之一，在佛教史的地位崇高，但落實來看，其思想卻沒有令人印象深刻的特質，除了「融會儒佛」、「融通性相」等籠統含糊的印象之外，沒有足夠鮮明的旗幟。約與憨山德清同一時代的佛門人物，提到淨土，會想到雲棲袾宏；提到華嚴，會想到月川鎮澄與雪浪洪恩；天台有蕅益智旭、幽溪傳燈（一五五四—一六二八年）；唯識學有雪浪洪恩、紫柏真可；更別說臨濟宗的密雲圓悟與曹洞宗的無明慧經、湛然圓澄。

因此憨山德清晚年銳意著述，儘管著述等身，但從佛教思想史角度來看，跨界融通一旦推到極致，便有無法歸類的危險。也因此，若要真正認識憨山德清，從過去傳統宗派分類的角度無法真正觸及心曲，絕對有待開發新的觀察角度，而這仍然有待學界努力。

憨山德清生命中第二個遺憾，應該是沒有建立鮮明特色的僧團。晚明以來，各大名山道場逐漸都有興復之勢，這也是當時佛門龍象輩出不可或缺的必要條件。例如雲棲袾宏有雲棲寺，月川鎮澄有五台山獅子窟寺，雪浪洪恩有南京大報恩寺、寶華山寺，密雲圓悟在金粟山廣慧寺、寧波天童寺，諸大道場同時也是人才養成中心。憨山德清雖然興復各處道場，卻始終沒有形成一個根據地，可以培養後進。

憨山德清不僅一次對老友雪浪洪恩門下英才輩出，表示出強烈的羨慕之情。其門人之中，最傑出者當推紫竹林顓愚觀衡（一五七九—一六四六年），但顓愚觀衡本師實為五台山的月川鎮澄，與憨山德清的緣分不算太深，而這當然絕對也與憨山德清的朋友太多、興趣太廣，始終無法一門深入有關。

坐看雲起　灑脫不凡

憨山德清一向自豪晚明叢林尚詩之風半出其手，另外一人是雪浪洪恩，即使面對一代文宗的王世貞兄弟，亦不甘輕易俯首稱臣，足見其於詩藝之過人自信。憨山德清作品集中，山居詩最多，雖然多寫山林景致，但憨山德清畢竟生平多艱，眼過多方人物，經卷熟稔，胸次灑然，氣概不凡，筆力確實老辣，試觀此首〈山居詩〉，可以思過半矣：

平生蹤跡任東西，投老哪能擇木棲；縱使脊梁剛似鐵，奈何脛骨軟如泥。
閒從絕壑看雲起，坐倚千峰聽鳥啼；不必更拈言外句，現前聲色是全提。

不知何故，此詩經常被割裂兩半，後半部經常收入各種善書或詩選中，論者往往說此詩代表無心、隨緣的境界。這當然也沒有大錯，但此詩前半部是憨山生平實寫，憨山德清從南京到北京，然後五台山八年、山東十二年、遣戍嶺南近二十年，晚年往來於廬山與嶺南曹溪之間。雖然腳力漸衰，但硬頸不屈的傲骨依舊，這才是禪者最難得的豪情。後半固然是形容悟道境地，也是憨山德清理想的生活方式，更是唯心淨土，當下即是的大用現前。

那個恥居人後的青年，歷經種種世事的磨難與東南西北的漂泊之後，重看世間，無異夢中之夢而已。憨山德清曾經自讚「不入大冶紅爐，誰知他是鐵漢」——這也說明只有最高的材具，經過種種磨鍊的淬鍊，方能撐持法門氣運。

下定決心離開大報恩寺，前往北京，進而從五台山開始，歷經種種嚴酷的考驗，憨山德清的信念從來不曾動搖，一切原來是發現真正自己的不二法門。

1 王世貞（一五二六—一五九〇年），字元美，號鳳洲，別號弇州山人，明江蘇太倉人。為明代知名的文學家與史學家，詩文與李攀龍（一五一四—一五七〇年，字於鱗，號滄溟，創建的「歷下詩派」在文學上獨樹一幟）齊名，世稱王、李。王世貞是明代萬曆中後期的詩壇盟主，其弟王世懋（一五三六—一五八八年），字敬美，號麟州，時稱少美，善詩文，為明代書法名家。

月川鎮澄

天上人間信獨步

晚明賢首宗寶通系開山祖師月川鎮澄．．．．

五台山有佛教第一聖山之譽，自古以來高僧輩出，
唐代清涼國師在五台大弘華嚴，名揚中原，
不過，到了明中葉一度衰微，
幸先有憨山德清入山，後有月川鎮澄承續，
月川鎮澄在五台山開創出一番事業，
為北方義學叢林之首，賢首宗寶通系更推為初祖。

丈夫拶透兩頭關，天上人間信獨步。
也無玄，也無妙，一切平常合至道。
——月川鎮澄〈獅子歌〉

五台山，又稱清涼山，是中國第一座佛教聖山，據傳為文殊菩薩的根本道場；與觀音菩薩道場普陀山、普賢菩薩道場峨嵋山、地藏菩薩道場九華山，稱為佛教四大聖山。五台山之所以成為佛教聖山，與其特殊的地理環境有關。山西省五台山地區自古以來就是各民族往來的區域，漢人、蒙古人、藏人與西北各民族雜處，至今五台山仍然同時是漢傳佛教與藏傳佛教的聖地；峨嵋山所在之處則是漢人、藏人、苗族、傜族等西南民族共處一地；現在香火鼎盛的觀音道場普陀山則與東南沿海貿易有關，特別是日本方面；九華山的金地藏則是來自新羅國的王子。四大佛教名山神聖性的構築過程竟都與國家、民族的雜多性有關。

從歷史的角度看，佛教本是來自中國之外異文化的產物，不過佛教卻遠遠超越種族、國家、地域種種人為設限的差別，追求平等解脫的境地。即令佛教後來在中原生根發芽，型態與印度時期不同，不過那最初的理想與追求始終不曾或忘。

第一聖山　高僧輩出

從魏晉南北朝開始，佛教在五台山發展已非常興盛。唐代時，清涼澄觀駐錫五台山，大弘華嚴教法，自此之後，文殊菩薩、五台山、華嚴學幾乎成為相互依存的一組概念。雖然宋代政權往往不及於五台山（特別是地處東南一隅的南宋更是鞭長莫及），但遼金元時期的五台山，華嚴學仍然盛極一時並未失色，北方佛教義學即以華嚴為中心。

明初，五台山仍然高僧輩出，例如金璧峰禪師（一三〇七—一三七二年），雖然並不專以華嚴學見長，但其聲名遠著，竟成為小說《三寶太監下西洋演義》的主角，隨著三寶太監鄭和海外旅行宣揚國威去，雖然全出自虛構，與史實全然不符，但也算與五台山佛教有關。另外，晚唐到達普陀山的不肯去觀音，亦來自五台山，普陀山超高人氣背後仍然有第一聖山五台山的投影。

不過，即使是中國佛教第一聖山五台山，在明代中葉也一度衰微。憨山德清入五台山八年，道譽日隆，皇室祈嗣無遮法會[1]大獲成功以後，聲勢達於巔峰。不過，憨山德清進入五台山之初卻是一片荒涼。無遮法會之後，憨山德清與妙峰福登瞬間成為全國注目的焦點，一時成為五台山漢傳佛教的代表人物，憨山德清早年法號澄印，「澄」之一字即澄觀者也，憨山德清雖然傾心禪悟，對澄觀的崇仰亦終身不渝，甚至夢到親為澄觀的侍者。

在五台山的八年，絕對是憨山德清生命中最快樂的時光，也是他生命另一個新階段的起點，因此當他不得已而必須離開五台山時，為了維護他的夢想，也為了五台山佛教未來發展的前景，他將全部希望交給月川鎮澄——當時無遮法會的首座兼得力助手。而月川鎮澄也不負所託，在五台山開創出一番事業，號北方義學叢林之首，賢首宗寶通系一脈推為初祖。晚明文化中心在江南，北京雖然是都城所在，但其人文輝光卻遠不及江南，佛教亦然，唯一的例外是空印大師月川鎮澄。

大闡華嚴　名動京師

月川鎮澄一生與五台山密不可分。月川鎮澄的出現，使得五台山不再只有神異傳說，佛智得以因人而顯，不玄不妙，日用之間才是佛法本懷。

月川鎮澄，俗姓李，宛平人，又號空印。年十五即出家，從遊於一江真澧（一五〇一——一五八二年）之門，又就笑巖德寶、小山宗書（一五〇〇——一五六七年）參禪，笑巖德寶為晚明臨濟宗匠，密雲圓悟為其再傳弟子，小山宗書則為曹洞尊宿，無明慧經為其法孫，本師一江真灃則親嗣魯庵普泰，不難看出：月川鎮澄的師承已經是當時北方佛教的最高水準。

月川鎮澄協助憨山德清與妙峰福登在五台山舉行無遮法會，充首座，後遂應憨山德清之請，駐錫五台山，前三年門可羅雀，一片清冷。後塔院主人請修《清涼傳》（即《五台山志》），遂致四方學士，至室無所容，與友人雪峰如幻（一六〇五—一六七九年）創獅子窟寺，建萬佛琉璃塔，遂成一大叢林。大闡華嚴，名動京師，太后特賜《龍藏》，延入京師，開講大乘經論。後還山，一切淡定如常。修復古南台、竹林等文殊示現之所。北方法席之盛，莫有出其右者。當時江南教家幾乎全為憨山德清法門昆仲雪浪洪恩一系所統括，月川鎮澄的出現，意謂北方教家實力集結，也展現出一派力圖上進的新氣象，對於晚明佛教復興推波助瀾之功亦當記上一筆。

綜觀月川鎮澄的一生，幾乎完全與五台山畫上等號。其出世、成名、弘法之因緣皆在五台山，月川鎮澄因憨山德清的推薦，得以駐錫五台山，因修《清涼傳》，聲價陡地走高，那遺忘已久的澄觀回憶彷彿又被召喚復活。與見慣江南繁華的金陵大報恩寺不同的是，月川鎮澄幾乎是赤手空拳在冰天雪地打出一片天地，其實這也是禪家「有佛處莫停留，無佛處急走過」一類智慧的大用現前。

如前所述，月川鎮澄興復五台山的名山大業過程當中，憨山德清扮演了極其吃重的角色。兩人雖相交莫逆，但在佛法的見解也有出入，兩人曾就僧肇（三八四—四一四年）的〈物不遷論〉有過一番激烈的論辯，正是君子和而不同的最高境界。

響寂雙泯　迷悟皆斷

月川鎮澄固然不以詩人名世，但其所編的《五台山志》中收有數首，其中〈獅子歌〉一首自說心志甚明，詩云：

君不見，五台山上獅子踞。
獅子窩在雲深處，獅子說法獅子聽，百獸聞之皆遠去。
大獅子、小獅子，猛烈威獰誰敢擬，爪牙才露便生擒，顧佇思維言下死。
不說空，不說有，四句百非不著口，金剛寶劍倚天寒，外道天魔皆斬首。
不是心，不是佛，父母未生全底物，無量劫來絕點痕，癡人欲解夢中縛。

不屬迷，不屬悟，白雲斷處青山露，丈夫拶透兩頭關，天上人間信獨步。
也無玄，也無妙，一切平常合至道，等閒拈得火柴頭，擊碎人間無價寶。
達摩宗、般若旨，六代相傳只這子，馬師翻作塗毒聲，眾生聞者偷心死。
獅子吼，遍乾坤，直前跳躍忽翻身，小獅子兒猶迷影，野干狐兔哪窺真。
德山棒、臨濟喝，亦能殺，亦能活，臨崖一拶命根休，三藏玄機無不奪。
獅子王，忽嚬呻，虛空走，須彌瞋，無邊剎海現微塵，
文殊普賢忙不徹，擁出如來大法輪。
法輪轉，無休歇，五十三人得一橛，樓閣開門須善財，頭頭拶出光明月。
闕俱圓、圓俱闕，一毛端上同發越，眾生空界有窮時，此法滔滔無盡竭。

此詩全以獅子自況，呼應「獅子窟寺」的字義，也令人想到〈華嚴金獅子章〉中「六相」同時2的比喻。振衰起敝，擔當佛法氣運，捨我其誰的豪情躍然紙上。此詩縱橫空有、非禪非教，亦禪亦教，末尾以〈入法界品〉善財童子的五十三參作結，一方面踏襲《華嚴經》的結構，另一方面，也比喻探尋真理是個永無止境的歷程。此詩在修辭上並不特別，然而月川鎮澄個人的情志卻表露無遺。

自月川鎮澄之後，華嚴學在五台山又重獲新生。晚明佛門行腳雲水成風，但重點絕不在探幽訪勝，而是探求生命終極真理。山不在高，有仙則名，五台山既是月川鎮澄心靈生命的依託，卻也因月川鎮澄而開展了新的生命歷程。獅子一吼，群獸腦裂。

月川鎮澄遠離繁華喧囂的江南，響寂雙泯，迷悟皆斷。在五台山開創一個理想世界，無邊剎海，一時炳現。沒有恨、沒有愛，只有交徹的光明皎潔。靈山莫遠求，原來，就在心頭。

1 「無遮」是指無有遮障的意思，也就是不分貴賤、宗教、男女、十方法界、六道群靈、有情眾生，藉由法會的因緣，達到怨親平等，平等普度，冥陽兩利的目的。更進一步指的是人人當下這念心本自具足，盡虛空、遍法界、平等無礙。

2 《華嚴經》所說萬有事物所具足之六種相，即：總相、別相、同相、異相、成相、壞相。

突出大好山

曹洞宗壽昌派開山祖師無明慧經

一生沒有神異際遇，也從不以曹洞正統自居，
無明慧經一生奉行農禪，生平佛法不離鋤頭邊，
其性格如山，也因山而開悟，
無明慧經本身就是一座「大好山」，
雖不攀緣，自然接引有緣人，挖掘這座大寶山。

突出大好山，千里遙相見。

——憨山德清〈題無明和尚真贊並引〉

成功，往往伴隨等待。只有善於等待的獅子，才能順利捕獲獵物，否則不過白費力氣而已。欲速，結果往往是「則不達」；事緩，亦未必能圓，更多的是因循苟且，結果卻是緩不濟急。善於等待，絕非坐破蒲團，而是在最適當的時機準確出手。任何偉大的成就，都需要有正確的人、正確的地方，當然還必須選擇對的時機。

認真修行　運水搬柴

晚明曹洞中興最重要的旗手當推無明慧經，其開創壽昌一派，可以說是曹洞禪發展歷史中一件大事。特別是江西、廣東、福建等地，曹洞宗風頗為興盛，清初曹洞宗壽昌派由東皐心越（一六三九－一六九五年）傳至日本，由石濂大汕（一六三七－一七〇五年）傳至越南。十七、八世紀的東亞，曹洞禪也成為一種特殊的文化趣味，這偉大弘法道業竟濫觴於一個僻居鄉野的老和尚無明慧經之手，也十分耐人尋味。

撇開萬曆三高僧憨山德清、雲棲袾宏、紫柏真可與雪浪洪恩不說，晚明佛教的重鎮如密雲圓悟、湛然圓澄都具有鮮明的人格特質。密雲圓悟帶有濃厚的戰士性格，對於貫徹信念一事具有無比的熱誠，生涯就是到處征戰的紀錄；湛然圓澄則是化雨春風，生平充滿偶然與神異，一生幾乎是靈異記的集大成。

相形之下，綜觀無明慧經的一生，除了認真修行、隨眾作務之外，近乎乏善可陳，但歷來真參實證，名重一方的祖師莫不如是。從這個角度看，無明慧經可說實現「神通妙用，即是運水搬柴」的禪宗真髓，當之無愧。換言之，無明慧經的禪法幾乎完全實踐在日常平凡的生活中。

無明慧經的法脈傳承是貨真價實的曹洞宗，所謂雲門系湛然圓澄固然受慈舟方念（？—一五九四年）的印可，但其參學過程中與真的曹洞宗門關係不大。無明慧經從出家開始追隨蘊空常忠（一五一四—一五八八年）修學開始，幾乎不離左右，遊方行腳，往參無言正道（一五四七—一六二三年），刻意遍嘗曹洞法乳，但無明慧經從未以名門正派自居。

即使廣接天下英雄豪傑的憨山德清，也對無明慧經毫無印象，凸顯了他的特別之處：這樣一個交遊不多、足跡不廣、外護不強，更談不上著作等身的無明慧經，何以能名重天下，甚至開創一個影響力廣及海外的宗派？幾乎所有宗教社會學的基本原則對無明慧經都不適用，這樣一個特殊案例，箇中微妙，委實值得深思。

不動如山　參大好山

無明慧經依止蘊空常忠，為晚明曹洞宗初祖小山宗書高足，恰為無明慧經同鄉。無明慧經最初在其門下三年表現並無特出，後來發心參究，因「大好山」公案而開悟。開悟後，曾主寶方寺，影不出山二十四年，二十四年如一日！後來因受到指責，從善如流，不得已行腳參方，訪雲棲，謁達觀（紫柏真可），禮五台山，後倦遊還鄉，主建昌府新城（今江西黎川縣）壽昌寺二十年。

無明慧經在壽昌寺期間「千指圍繞，別建菴院」，培養出許多優秀的人才，成就一個流傳至今的禪門曹洞宗壽昌派。遊方時期不說，無明慧經在一地短則三年五年，而二十年不動如山似乎也是家常便飯。

就此觀之，無明慧經就是一座山。山，明明白白是善於等候的。

無明慧經對山之為物別有會心，而一切的發凡，在無明慧經開悟的瞬間，或許就已經在生命基因中上了烙印。無明慧經年輕時發心參究大事，曾經在峨嵋山閉關，某天讀到《傳燈錄》當中「僧問興善：『如何是道？』興善曰：『大好山。』」此一公案，疑情頓發，寢食都忘。某天，因為搬石不動，豁然大悟，即成一偈，曰：

欲通無上菩提道，急急疏通大好山。
知道始知山不好，翻身直出祖師關。

此偈深蒙其師蘊空常忠印可，許為法器。在壽昌子孫的宣揚之下，無明慧經跟「大好山」公案幾乎畫上等號，此偈更是名聞千里。在七十歲時，無明慧經回顧前塵時猶言：「天然透過大好山，如匙開鎖。」山，既是通往真理的道路，也是生命本源的家鄉。

無明慧經閉關三載，其間不飛不鳴，開悟下山便入蘊空常忠堂奧法眼，許為法器。又其住持寶方時影不出山二十四年，因人一句便下山行腳，得以禮敬雲棲祩宏、紫柏真可。這一切，看似稀鬆平常，其實彈無虛發。無明慧經住山不出，終於等到無異元來（一五七五—一六三〇年）這位不世出的奇才充當首座，壽昌禪風偃行天下，除了無明慧經之外，無異元來居功厥偉，連眼空四海的密雲圓悟也稱讚不已。而這一切，無異說明無明慧經已然透入「大好山」公案無上密義，安靜、堅定，涵養萬物而不居功。

生平佛法　不離鋤頭

無明慧經不以詩名，偶有詩作，皆言宗門本分事，非詩人之詩。以下這首〈示元著關主〉闡發其禪悟之境甚深，其曰：

得有因由悟有時，青山一歲一芳菲。
但能不為時辰使，自自如然合化機。
萬法收歸一法化，遇人遇物祇一下。
他行東路我行西，調直開交難擬價。
此事從來不許可，果然難得十成人。
要教枝上生枝去，始解懸崖撒手行。

此組詩第一首發端自說行實，兼以贈人。第二句謂青山儘管貌似不動，然與時俱化，兼謂開悟一事不能強求。三、四句即「有物先天地，不逐四時凋」之意，比喻主人公契入造化真宇。

第二首開頭謂「萬法歸一，一歸何處」，第二首意在指「劍不出鞘，出則見血封喉」，精準掌握出手的時機，才能打蛇三寸，禪悟一事亦是如此。三、四句喻眾生機根業福不同，不可據一以求，大國手應病與藥，學人未悟，徒然東奔西走，虛費草鞋錢。

第三首發端謂透網金鱗難求難值，末尾指學道必須能夠超出學地，當下承擔。「枝上生枝」固然有超宗出格之意，更像是宗下開派祖師口吻，此二句半以贈人，半以自許。

無明慧經住持壽昌期間，不攀外緣，不設化主，隨緣任用。年過七旬亦隨眾作務，自謂：「只好山中填坑挖孔。」可說是「生平佛法，不離鋤頭邊」，一方面無明慧經對土地的感情表露無遺，另一方面壽昌派早期農禪之風亦依稀可見，在深染文士風雅習氣的晚明佛教界，格外顯得質樸真誠。

無明慧經與壽昌派是中國禪宗史上一座寶山，蘊藏豐富的礦藏，今後尚待進一步的發掘與探勘。

湛然圓澄

不妨腰膝軟如泥

晚明曹洞宗雲門系湛然圓澄．．．．

湛然圓澄是晚明禪門曹洞宗最重要的旗手，與標榜臨濟正脈的密雲圓悟分庭抗禮。其一生際遇諸多傳奇，而廣大出格的胸襟與修為，就連海盜也受其教化。

丈夫志氣欲沖虛，纔有施為便不如。祇有山田堪屈節，不妨腰膝軟如泥。

——湛然圓澄〈山居雜咏〉

當密雲圓悟在浙東一帶打著臨濟正傳的招牌大行其道，無不望風披靡，幾乎打遍天下無敵手。但江浙地方畢竟是明清時代的文化中心，人才輩出，突然出現湛然圓澄，足以與密雲圓悟分庭抗禮。密雲圓悟禪風猛利，而湛然圓澄平易近人，令後生如沐春風。兩者不論在個性、作風都顯得南轅北轍，卻是晚明佛教復興潮流中不容錯過的燦爛風光。

湛然圓澄，俗姓夏，會稽人，原只是個送公文的小工友，出身卑微，後因送錯公文，懼罪投江自殺，為人所救，後出家為僧，嗣法曹洞宗慈舟方念，亦曾親炙雲棲袾宏、紫柏真可等叢林尊宿。歷主壽興寺、雲門廣孝寺、嘉興東塔寺、雲門顯聖寺等。著有《宗門或問》、《慨古錄》、《語錄》、《楞嚴臆說》、《法華意語》等。

護法捍教　瑜亮之爭

湛然圓澄與密雲圓悟在浙東形成角力之勢，不僅為曹洞宗在江浙一帶留下一絲生機，更成為晚明禪門曹洞宗最重要的旗手，不讓一意標榜臨濟正傳的密雲圓悟專美於前。

密雲圓悟一門在當時雖可說是如日中天，但湛然圓澄亦不遑多讓，景從者絡繹不絕。事實上，晚明禪者出入二家門戶不乏其人，例如密雲圓悟門人漢月法藏（一五七三—一六三五年）、破山海明（一五九七—一六六六年），其一生與湛然圓澄維持良好關係。不難看出，當密雲圓悟高自標置的同時，湛然圓澄卻是廣結善緣，兩者形成強烈的對比。

不論密雲圓悟或湛然圓澄，主要的外護檀越都是浙東的士人陶望齡[1]、周汝登[2]等人。但是密雲圓悟有臨濟正傳的衣缽傳承做為法寶，相形之下，湛然圓澄固然獲曹洞正傳慈舟方念的印可，但客觀來說，湛然圓澄與慈舟方念關係並不深，何以竟能與密雲圓悟並駕齊驅？

落水不死　人生傳奇

湛然圓澄自號散木，又號沒用，「散木禪」在晚明清初亦曾風行一時。「散木」一詞有諷世的用意，但也說明了湛然圓澄對自己處於佛教叢林「一切既存體系之外」的事實心知肚明。

綜觀湛然圓澄出家的經歷，一開始接觸的師友多半名不見經傳，僅剃度師妙峰福登略微知名。自從往參雲棲袾宏求受具足戒後，在錦堂禪師（圓澄的老師，生卒年不詳）處透悟，後又經慈舟方念印可，承曹洞宗法脈。來到北京，與紫柏真可、月川鎮澄等高僧，以及黃輝、袁中郎兄弟、陶望齡等士大夫交遊，連紫柏真可、月川鎮澄都對湛然圓澄甘拜下風。

北京經驗是湛然圓澄生命中的轉捩點，尤其紫柏真可因妖書案圜中坐化之後，十餘年仍是禁忌，但湛然圓澄甘冒舉世大不諱為其荼毘，自此身價水漲船高。中年以來，湛然圓澄與妙峰福登、月川鎮澄、雲棲袾宏、紫柏真可等高僧參學的經驗，開啟其對經教的重視，湛然圓澄的思想中當然也有曹洞禪的傳統，但更重要的是萬曆佛教叢林之風完全具體展現於其一身，加上浙東士大夫的全力支持，此與年輩稍晚的漢月法藏有異曲同工之妙，立刻就能理解何以湛然圓澄對漢月法藏青眼有加，實因兩人的心志頗有共通之處。而這一切成為湛然圓澄與密雲圓悟比肩頡頏的不二法門。

不過，綜觀湛然圓澄的一生，尤其是前半生，真可用「因緣不可思議」形容。落水不死、寶林寺巧遇陶望齡等人，又有某次靜坐時境界現前——「忽如冷水潑身」，自此之後詩思泉湧。

還有與慈舟方念的奇遇，當其從普陀山回來的瞬間，竟被湛然圓澄碰上，就在當下隨即印證付法。雖然佛法講因緣不可思議，但湛然圓澄的一生遭遇次數似乎遠較常人為多。正因如此，湛然圓澄對當時叢林種種弊端頗為痛心，著有《慨古錄》一書，成為現代學者認識當時佛教的重要史料。

自號沒用　方為大用

湛然圓澄為一代禪門宗匠，詩文本為餘技，但據說他在靜坐時忽然聰明大開，從此詩文援筆立就。其詩雖然是典型的詩僧詩，藉著山林景物與田園風光闡述退讓不爭的哲理為基調，但一代高僧的襟抱卻又不時流露。自述懷抱的〈自號沒用〉一詩，簡直可以將半部以上的《紅樓夢》涵攝無餘，詩云：

溪邊一腐塊，其形若沉檀。取之無所用，刻之無所長。棄水不之去，付火不之燃。能死盜賊心，善卻世人貪。日夕三光下，優游天地間。都云沒用物，我道得安閑。

此詩全以朽根自喻，發首謂形貌醜陋，兼諷舉世以貌取人，「沉檀」不以形美，而以香聞千里，暗喻君子潛德。三、四兩句則謂自身不容於世，正如朝雲嘲諷蘇軾「一肚皮不合時宜」，又如補天之餘的畸零頑石，在現存價值體系之外別出新意，同時也以此自擬「超宗出格」，非當世所能知。而且有著不屈的意志與彌堅的節操，「入水不濕，入火不燃」原本是莊子形容真人的至大圓滿，後世佛家往往借來形容「不逐四時凋」的真常佛性。它雖然看似無用，卻是「能死盜賊心，善卻世人貪」——可以頑廉懦立，可以移風易俗，看似無用，方為大用。

末尾四句自敘閒適，無忮無求，無修無證，已入無修無證境界，雖是自道安閒，暗示證入類似大日輪三昧境界，且能遊戲神通，隨時不失，此境非膠著名聞利養的俗子所能知。這首詩雖然在言語上自謙「沒用」，內在卻是一個大修行人的解脫境界。這也是湛然圓澄與密雲圓悟兩者最大的差別所在，下面這首詩更能清楚看出湛然圓澄的個性，詩云：

丈夫志氣欲沖虛，纔有施為便不如。
祇有山田堪屈節，不妨腰膝軟如泥。

首句是湛然圓澄的內在，第二句乃「作意即惡」，更像菩提達摩回答梁武帝「廓然無聖」，都無功德之意。第三句雖謂老農耕田，禪宗喜以之喻修道治心。結尾是湛然圓澄的外表，說明湛然圓澄「外柔內剛」、「外圓內方」的人格特質。對湛然圓澄而言，外放的鋒芒才是真正無用之物，大丈夫志氣沖天，卻也不妨彎低頭腰，一切都為恢弘佛道、利益眾生。為山靈祐禪師（七七一—八五三年）曾謂「欲為佛門龍象，先做眾生馬牛」一詞正可充作湛然圓澄寫照，類似「腰膝軟如泥」的說法恐怕不易在密雲圓悟的著作中見到。但綜上所述，湛然圓澄亦自視甚高，卻從不著相。

據說湛然圓澄某次乘船渡海遇到海盜，海盜聽到他本人在船上，竟然當下向他跪下懺悔，還護送他平安上岸，連盜匪都有感於湛然圓澄的教化，其於當時聲望之高、接化之廣，不難想見。

在湛然圓澄的教化之下，百鍊鋼亦能化作繞指柔，無怪乎道重一時。大體來說，密雲圓悟剛強，湛然圓澄柔和，一剛一柔，一崇高一廣大，正好代表著兩種不同的人格類型。喬松古柏，齊天並峙，流風餘韻，至今依然令人追慕不已。

1 陶望齡（一五六二—一六〇九年），字周望，號石簣，浙江會稽人。明代學者、文學家、官員，公安派成員之一。其詩文理論與公安派主力袁宏道（一五六八—一六一〇年）相呼應，主張為文應抒發當時代個人的真性情，反對「文必秦漢、詩必盛唐」說法，極力贊成靈性說。

2 周汝登（一五四七—一六二九年），字繼元，號海門，學者稱海門先生，嵊縣（今浙江）人。為陽明再傳弟子，其主要思想在陽明後學中屬於浙中王龍谿一系，以王龍谿「四無」為宗旨。其一生著述頗豐，流傳至今的主要有《東越證學錄》、《周海門先生文錄》、《聖學宗傳》、《王門宗旨》、《四書宗旨》、《佛法正輪》等，並曾編修《嵊邑志》。

密雲圓悟

滿肚無明火

晚明臨濟宗巨擘密雲圓悟

晚明佛教復興浪潮中，密雲圓悟推尊臨濟正脈，在佛教界獨樹一幟，颳起一陣旋風，以充滿戰鬥力的方式，堅持信念勇往向前，其弘法使命感強烈，充滿護教的熱情，即使得罪天下人亦在所不惜。

頂門一竅透靈機，滿肚無明火發揮，聲振十方人盡覺，囫然喜躍動容威。

——密雲圓悟〈紙炮〉

晚明佛教內部風暴的始作俑者，當推密雲圓悟；或者，更準確地說，密雲圓悟與其門人掀起了晚明佛教內部紛爭，甚囂塵上，久久不歇。

晚明佛教復興始於萬曆時期，雪浪洪恩與雲棲袾宏、紫柏真可、憨山德清萬曆三高僧，雖然各有立場，彼此之間亦多有齟齬，但融合性、相，不分門戶，諸宗並弘倒是不成文的默契，從這個角度看，密雲圓悟為法忘軀的氣魄與格局著實令人敬佩。

臨濟正脈　捨我其誰

晚明僧人行腳參方，更是一時風氣所趨，彼此交流頗為頻繁，雖然不無教理、教義之爭，門戶之見倒是不強。罕有人打著名門正派的旗號來占據山頭，進而黨同伐異，發揮莫大的影響力。因此，當密雲圓悟打著臨濟正脈的大旗，在晚明佛教界獨樹一幟，颳起一陣旋風，當時諸山長老莫不訝異，大感意外。

因為密雲圓悟本師龍池幻有亦從未標舉臨濟正傳，以此高自矜置的言行。相反的，龍池幻有對於憨山德清、雲棲袾宏等前輩尊敬有加，龍池幻有門下尚有天隱圓修（一五七五——一六三五年）、雪嶠圓信等豪傑一時雲集，但亦未如密雲圓悟一味推尊臨濟正脈。雖然「臨濟子孫遍天下」，但是密雲圓悟以充滿戰鬥力的方式，護衛臨濟正脈的招牌也堪稱一絕。

密雲圓悟門風猛利，甫出世之際，即受知當時浙東士林領袖周海門、陶望齡等人，據說密雲圓悟接引後生時拳棒交馳，不假辭色，住持過龍池院、天台山通玄寺、嘉興廣慧寺、福州黃檗山萬福寺、天童山景德寺、金陵大報恩寺等名山古剎，望重一時，門繞萬指，一時無有比肩。在雪浪洪恩、紫柏真可之後，佛教界具有如此高人氣指數，以及群眾動員能力者，幾乎只有密雲圓悟，從這個角度看，密雲圓悟不是一個簡單人物，批評者責難他結黨營私、好鬥成性，也不無道理，不過，這樣的批評實在太小看了密雲圓悟這號人物。

晚明朝綱日非，士人於國事往往有心無力，另一方面，由於市場經濟的發達，社會結構也正產生劇烈的變化，由於財富分配的不平均，貧富差距導致的階級矛盾時有所聞。因此晚明佛教的復興，一方面提供人們心靈的安慰，另一方面也是重新認識世界的一種方式，既是知識界一時風尚所趨，更是庶民百姓安頓身心的歸依。

晚明一時佛教諸宗並起、萬壑爭秀，但卻始終缺乏一個客觀評斷的判準，另一方面，禪宗的印可本就帶有相當程度的主觀性，因此，密雲圓悟標舉臨濟正脈，一方面是凝聚宗派（或學派）內部的向心力，另一方面即是以臨濟正脈做為純粹佛法的正字標記，既是認同，也是認證。從密雲圓悟的高人氣不難看出：這不是密雲圓悟個人的想法而已，而是呼應了大多數人內心的聲音與渴求。

護教戰士　燃燒生命

密雲圓悟標舉臨濟正傳的招牌，無異等於高揭宗派意識的大旗，具有高度的現代意義。在密雲圓悟端出臨濟正傳此一招牌之後，曹洞宗、賢首宗、律宗等不同立場也必須對此有所回應。密雲圓悟的世代在萬曆三高僧之後，如果不能後出轉精，未免逐人腳跟。密雲圓悟眼光精準、手法毒辣，確實深得「解弄死蛇」的禪家真髓。

密雲圓悟另一個常為人詬病的問題，在於傳法太濫。過去禪師傳授衣缽往往嚴加印可，難得一個，但密雲圓悟嗣法弟子高達十二人，與當時情理不盡相合。不過，密雲圓悟對此總是振振有詞，每當聽到有人批評他付法太濫時，密雲圓悟總是毫不客氣地跳出來說：「請你說說看有誰是不合適的啊！」批評的人只好閉上嘴巴。

密雲圓悟對自己與門人，在禪修境界具有高度自信，也有一個學派開山祖師的氣概。客觀來說，密雲圓悟的門人破山海明、費隱通容（一五九三—一六六一年）、牧雲通門（一五九九—一六七一年）、林野通奇（一五九五—一六五二年）等人，確實都是一時俊彥，密雲圓悟過人的自信倒不完全是老王賣瓜，只是他的態度過於激越，似乎永遠處於戰鬥態勢，不懂得「與人為善」的道理。

但對密雲圓悟來說，不論是對臨濟正脈的堅持，或是對門人弟子的袒護，其實都反映出其對自我信念的絕對堅持，其內心使命感極其強烈，充滿護教的熱情，即使得罪天下人亦在所不惜。

信念，才是密雲圓悟生命的熱情真正燃燒的方向；堅定無比的信念造就他成為一位堅強的戰士，卻也是一個極端不受歡迎的人。

密雲圓悟的戰鬥力確實無與倫比，密雲圓悟與湛然圓澄（曹洞宗雲門系）在浙東往往為了爭奪門人，相互緊咬不放，雙方陣營互不相讓，於是成就晚明清初禪宗在江浙一帶的昌盛；此外，中國佛教史上師徒反目固然不乏其例，但密雲圓悟與其徒漢月法藏彼此相互攻訐砲火之猛烈，絕對堪稱中國佛教史上的奇景。當以利瑪竇為首的西洋天主教耶穌會傳教士對佛教採取批判的立場之時，密雲圓悟又立即挺身而出，著書立說反擊西洋傳教士。

霸氣凌人　睥睨六合

宋代大慧宗杲禪師曾經說：「縱使此身碎微塵，終不以佛法當人情。」真正充分實踐大慧宗杲真精神的人其實就是密雲圓悟。密雲圓悟一身是膽，又兼內力雄渾。其門弟子破山海明、費隱通容、木陳道忞（一五九六—一六七四年）等人亦步武其師作風，於是成就了晚明清初佛教界人數最多、聲音最大、聲勢最旺、影響最大的佛教宗派。而這一切，幾乎可以說發端就在於密雲圓悟。

密雲圓悟一門由於人數眾多，成為晚明清初佛教界一支立場鮮明的戰鬥部隊，一時之間，大江南北似乎盡為所有，聲勢浩大，無堅不摧，幾乎可以說是席捲天下。即令遠在西南的川、滇、黔（特別是破山海明的雙桂派）亦皆入其彀中。所至之處，毀譽參半，儘管大半取得最後的勝利，但往往與當地固有的佛教勢力發生嚴重的衝突，如果少了密雲圓悟，晚明清初的佛教史一定沉寂許多。

密雲圓悟的詩作雖然不多，但亦頗有特色，頗能見其襟抱，例如其〈山居〉詩云：

野衲橫身四海中，端然迥出須彌峰。
舉頭天外豁惺眼，俯視十方世界風。

此詩霸氣凌人，其自視身如須彌山，眼高於天，世界在我腳下，宇宙任我遨遊。我身雖在此世，卻迥出世間時流，我能開眼，我能超宗，我掀翻世界，此詩睥睨六合，狂傲不羈之姿讓人印象深刻。還有一首〈紙炮〉，雖然是鞭炮的詠物詩，卻也是一個禪者的自我表述。詩云：

頂門一竅透靈機，滿肚無明火發揮。
聲振十方人盡覺，囫然喜躍動容威。

第一句形容禪者開悟之際石破天驚之勢，次句則形容體內沛然莫之能禦的巨大能量。末尾兩句則講其聲振十分，塗毒天下的豪情膽識。密雲圓悟的確是晚明佛教界的一門巨砲，可謂風雷隨行在側。那震響世界的獅子吼，數百年後仍然迴盪耳畔。

漢月法藏

目前何地不均平

臨濟宗三峰派開山祖師漢月法藏

有誰能令雍正皇帝憎惡，又掀起臨濟同門相爭？
臨濟宗三峰派漢月法藏一生驚濤駭浪，
從未入密雲圓悟門，卻引起背叛師門的「密漢之諍」，
二十四歲時所寫的詩竟成詩讖，
「是佛是魔都不管，目前何地不均平」。

開畬種粟不為勞，短髮蕭蔬掛蔽袍。情絕有無松落落，漏從涓滴海滔滔。
目窮方見地維闊，身到已忘山勢高。不學當年避秦客，春風多植水邊桃。

——漢月法藏《山居詩》

如果說順治皇帝最喜歡的禪僧莫過於雪嶠圓信，那麼雍正皇帝最討厭的禪僧則首推漢月法藏，雍正皇帝甚至不惜動用一切「國家機器」的力量打擊三峰派——漢月法藏所開創的宗派，希望能夠徹底瓦解這個曾經盛極一時的佛教團體。

另一方面，明清禪林勢力最大的臨濟宗密雲圓悟一系，亦與漢月法藏勢同水火，能令皇帝與叢林長老傷透腦筋，足見三峰派在晚明清初的叢林之中，確實具有不容小覷的重要性，從這個角度來看，漢月法藏絕對不是個簡單人物。

名滿江南　各方拉攏

漢月法藏，俗姓蘇，萬曆元年（一五七三年）生於江蘇無錫，卒於崇禎八年（一六三五年）。其父蘇蘭，號鏡湖先生，與江南士人多所交好。漢月法藏在明清佛教史上，以與其師密雲圓悟的論諍最為人所熟知，而漢月法藏終其一生，最大的焦慮無疑來自於其師密雲圓悟，兩人及其門下矢石交加，佛教史慣稱之為「密漢之諍」。

密雲圓悟一脈往往從「背叛師門」的角度，來形容漢月法藏。不過，漢月法藏在側身投入圓悟之門以前，已經名滿江南叢林，各方爭相拉攏，毫無意外，最後仍是由當時浙東禪林兩大重鎮——曹洞宗的湛然圓澄與臨濟宗的密雲圓悟出線，進行最後的角力戰。天啟六年（一六二六年），雖然漢月法藏已於兩年前參謁密雲圓悟，但湛然圓澄仍然力邀漢月法藏為杭州安隱寺結夏時的首座，在漢月法藏抵達前夕，湛然圓澄即先行示寂。此事震動一時，一般認為漢月法藏就是湛然圓澄選定的接班人。

儘管湛然圓澄使出這般前所未見的殺手鐧，但漢月法藏畢竟沒有選擇投入曹洞宗門下，仍然持續與密雲圓悟維持若即若離的關係，直至崇禎六年（一六三三年）左右，漢月法藏提倡慧洪覺範《智證傳》一書，密雲圓悟大不以為然，移書相勸。雙方人馬紛紛加入戰局，密雲一系（包括四川的雙桂派、福建的黃檗宗）與三峰派的戰火遂一發不可收拾。

細看漢月法藏與密雲圓悟雙方的論辯，固然有許多意氣或禮儀之爭，撇開雙方無意義的意氣之詞，雙方論諍亦不乏理論主張的層次，在漢傳佛教思想史上亦具一定高度。

背叛師門　密漢之諍

然而就事論事，漢月法藏與密雲圓悟本無交涉，漢月法藏參謁密雲圓悟時已年過半百，於叢林中已是一時人望所歸，綜觀漢月法藏的出家、開悟、受戒、傳法、成名，與密雲圓悟從無交涉，所以，如果漢月法藏從來不曾入得密雲圓悟之門，雙方即使相互開火，也未必如是猛烈。密雲圓悟一門對於敵手的打擊一向不遺餘力，例如密雲圓悟門人破山海明在四川對當時川中舊勢力的聚雲吹萬一門亦必除之而後快。但密雲圓悟恐怕沒想到，這個名義上一度出入其門的漢月法藏，與其他的對手不同，不但沒有束手就縛，反而有愈來愈興盛的趨勢。

漢月法藏出身儒門家庭，與當時知識社群當往來無間，對儒家經註深研有得，當時東林領袖之一的錢一本，對漢月法藏的儒學造詣讚譽有加。因此當漢月法藏倡道東南，知識社群的大力支持（例如曾任兵部侍郎的岳元聲）才是他立足的根本，特別是蘇州、嘉興、常州的知識分子。

雍正皇帝批評漢月法藏：「不坐香，不結制，甚至飲酒食肉，毀戒破律，唯以吟詩作文媚悅士大夫，同於娼優伎倆。」前半部說漢月法藏一門不守戒律絕非事實，甚至可以說是刻意污蔑，但後半說漢月法藏刻意討好江南士人雖不合事實，但漢月法藏一門最重要的基礎是江南士人這點，雍正皇帝倒是了然於心。就此觀之，密雲圓悟多少有點錯估情勢。

再看漢月法藏的禪學思想，漢月法藏經常形容其成學歷程：「以天目（高峰原妙）為印心，清涼（慧洪覺範）為印法，真師則臨濟也。」元代的高峰原妙當時享有盛譽當無異議，特別值得注意的是慧洪覺範。漢月法藏又說：「因見寂音尊者（慧洪覺範）著《臨濟宗旨》，遂肯心此老，願宏其法，自謂得心於高峰，印法於寂音，無復疑矣。」也就是說漢月法藏體會到臨濟禪的真諦，是透過宋代慧洪覺範與元代的高峰原妙。

推崇紫柏　尋找傳人

然而在晚明叢林，談及高峰原妙，無法不令人聯想到雲棲袾宏，而慧洪覺範的代言人則屬紫柏真可。從此不難看出，漢月法藏沒有說出的想法是，他並不在乎密雲圓悟自豪的臨濟正脈，他所要繼承與發揚的是晚明萬曆以來的佛教傳統，這個傳統成於憨山德清、雲棲袾宏、紫柏真可諸人之手，卻因政治、社會等種種外緣因素的影響（例如莫名其妙的「妖書」案），一度中絕。這與一意堅持臨濟宗正統意識的密雲圓悟形成強烈對比，從密雲圓悟的角度來看，漢月法藏不只是挑戰臨濟宗的絕對權威，更破壞了臨濟宗的教育方式，特別是與文字禪一路過於靠近，更是法門大忌。

晚明佛教叢林以慧洪覺範代言人自居者為紫柏真可，漢月法藏既然如此推崇慧洪覺範，其對紫柏真可的態度便格外值得注意。漢月法藏曾說：「聞有達觀大師（紫柏真可），是宗門中人，及至，腰包往叩，師已遷化。」雖然不及親見紫柏真可本人，漢月法藏仍然刻意尋找紫柏真可的法嗣源流，漢月法藏四處尋求紫柏大師的傳人，希望能夠進一步接觸紫柏真可大師的思想內容。當中，最值得注意的是喝石大師（諱如奇號體玄，僅知生於嘉靖年間，寂於萬曆年間）。

喝石大師是紫柏真可的弟子，漢月法藏從之問學，喝石大師圓寂之後，漢月法藏為之作傳，敘述二人交誼。喝石大師成為漢月法藏接觸紫柏真可教法的重要窗口，漢月法藏明言二人初見時的景象：「予復扣之紫柏生平拈示處，師亹亹語之不倦，相看六十日。」原來漢月法藏曾經耗費將近兩個月的時間，與紫柏真可門人談論紫柏真可的生平與思想。在妖書案之後，紫柏真可之名一度成為禁忌，漢月法藏的思想與行世風格，或許，目前只能用「或許」來說，令江南士人聯想起曾經震動一時的紫柏真可，恐怕這也是晚明叢林與文人彼此之間在當時「不能說的祕密」。

作山居詩　託意詠懷

漢月法藏具有良好的文藝修養，又與文人交好，萬曆二十四年（一五九六年），漢月法藏不過二十四歲，當時入山閉關修行，曾作《山居詩》一卷，託意詠懷。例如《山居詩》第三十九首作：

為人若個真逃世，入佛依然更涉名。
衣法到傳爭奪起，修行纔立是非生。
紛紛歷事空心事，落落無情好世情。
是佛是魔都不管，目前何地不均平。

「衣法到傳爭奪起，修行纔立是非起」意指佛門諍訟，萬曆二十四年，密雲圓悟尚未與漢月法藏正式遭遇，臨濟曹洞之爭的態勢也尚未成形，不過佛門的爭端似乎從未停止。例如雪浪洪恩與雲棲袾宏已公開衝突。當時漢月法藏不過二十四歲的青年，自然無法得知日後佛門的種種風波因己而起。如今視之，簡直就是詩讖[1]。

「是佛是魔都不管，目前何地不均平」必有確指，斷非空發之語。但二十四歲的漢月法藏恐怕沒有想到自己有一天竟然也會成為世俗的「魔道中人」，雖然雍正皇帝、錢謙益（一五八二—一六六四年）都曾經指責漢月法藏為外道邪魔，但綜觀漢月法藏的思想與著作，雖然較傾向於修行次第與文字禪一路，但仍然是不世出的佛門英傑。

禪門中人超宗出格，倒行逆施，踏破如來頂上，方才體露金風，世俗禮教何足論，更何況密雲圓悟與漢月法藏兩人的關係原無交涉，不過迫於情勢，不得不強為拉攏而已。自心清淨，世界自然清淨。密雲圓悟與漢月法藏雙方對理想的堅持與執著，也同時成就明清佛教的精彩與豐富。

1　無意寫成的詩竟然成為日後的預言，古人稱之為「詩讖」。

隱元隆琦

在夢中作一齣好戲

日本黃檗宗開山祖師隱元隆琦‧‧‧‧

鑑真為東渡日本弘揚佛法第一人，
黃檗宗的隱元隆琦則是明清中日文化交流的第一功臣，
不僅開創了日本黃檗宗，同時是日本輸入中華文化最重要的媒介，
身處明末清初，參同儒釋的節義論述，
幾乎是當時佛門中人共通的教法，
不過，隱元隆琦另闢蹊徑，
從大乘般若空觀的夢喻，對佛門節義觀別開新局。

人生百歲猶如一夢，一切聖賢佛祖在夢中作一齣好戲，
令百千劫後見者聞者無不露出一片忠心赤膽，與聖賢佛祖無二無別。

——隱元隆琦〈示眾善士〉

佛教從來不只是佛教，它既是人生態度，也是價值選擇，更是一套生活方式，以及文化綜合體。因此，佛教傳布的歷史就是一部文化交流的歷史。因此，鑑真和尚東渡日本的意義，不僅止於在奈良開創壯麗的唐招提寺，而是在傳入佛法正確的生活方式（戒律）的同時，也將當時全世界最先進的醫藥、科技、藝術、甚至食物帶入日本，代表了一個全新的世界觀、價值觀。

鑑真之後，東渡日本弘揚佛法的高僧代不乏人，例如宋元之際的蘭溪道隆（一二一三—一二七八年）、無學祖元（一二二六—一二八六年）、一山一寧（一二四四—一三一七年），至於明清時期，中日文化交流的第一功臣，當首推開創黃檗宗的隱元隆琦（一五九二—一六七三年）及其門人。

東渡開創日本黃檗宗

京都南方宇治市巍峨的巨刹萬福寺，出於一代高僧隱元隆琦手筆，乃是參照晚明福州黃檗山萬福寺的規制興建而成。萬福寺興建過程中，種種靈應傳說不斷；建成之後，由於歷代住持皆為中土而至的高僧（至二十二代住持為止），成為江戶時代傳播中華文化最重要的發信站。

隱元隆琦，俗姓林，福建福清人。生於萬曆二十年（一五九二年），卒於日本寬文十三年（康熙十二年，西元一六七三年）。萬曆四十八年（一六二〇年）出家，天啟四年（一六二四年）從金粟山之密雲圓悟開悟，旋充侍者，隨侍之黃檗山。後密雲圓悟退之，其弟子費隱通容繼之，費隱通容請為西堂，後嗣法密雲圓悟主黃檗法席，大彰臨濟禪法於八閩（福建的別稱）。順治十一年（一六五四年）應日本長崎方面之請，東渡日本，開創日本禪宗第三大宗派黃檗宗；黃檗宗同時也是日本江戶時代輸入中華文化最重要的媒介。

隱元隆琦禪師東渡日本以前，在福建地區已經是「橫揮麈尾，截斷眾流」、「門人遍天下」，渡日以後的隱元隆琦，聲價更隆，史料說當時「膜拜者爭額曰古佛」、「名高一代，化被萬方」。在閩、浙沿海與日本享有極高的聲譽與影響。上至天皇、幕府將軍、諸侯公卿，下至庶民百姓，對於隱元隆琦無不發心皈依，幾乎上演鑑真東渡同樣的戲碼。據說隱元隆琦在長崎港登岸之時，萬人夾岸歡迎，更有多人激動落淚，如見再生父母一般，事實上，隱元隆琦東渡日本伊始，原本只預計停留一年，之後又延長一年，但由於當時日本朝野盛情難卻，才選擇在日本歇腳終老。

通貫儒林佛門的忠義

隱元渡日，雖然主要以弘法為主，但其兼具相當程度的政治動機殆無可疑。隱元禪師東渡日本雖然不是緣於清政府的政治迫害，卻對滿清政權始終不懷好意，以隱元禪師為首的黃檗僧團在抗清運動中所扮演的角色，一直是學界關注的熱門課題。

隱元隆琦赴日之船艦乃是鄭成功所提供，其門人因實際參與鄭成功、張煌言的抗清運動而壯烈犧牲者，亦所在多有。明清之際，崇禎帝的三太子據說化名張振甫，受隱元隆琦與黃檗宗的保護，龍隱扶桑。在清初，萬福寺也一度成為海外抗清的重要根據地，反清志士朱舜水、張斐都與黃檗宗僧人有所交往。

隱元禪師晚歲移居日本，不類斯時中土文網嚴密，故而得以盡情揮灑黍離之思、銅駝之悲。其門人又多有抗清殉國者，對於節烈忠義的稱揚，係為其詩文一個極為醒目的特徵。諸如「能久能長真命主，誠忠誠孝是男兒」、「果是純鋼生鐵漢，毫端放出萬年春」、「幸有孤笻在，愈挑愈遠揚。英花現玉嶼，並作碧曇香。」、「丈夫道義鎮丘山，一片忠心持世間」、「人文道義最禎祥，國泰時豐便舉揚」云云，率皆流露出其於節義風操念茲在茲的心懷。

隱元在答覆江戶武士詢問為士之道時說道：「生死雖難，當生不得不生，當死不得不死。能審其當，則不虛生浪死，忠義全矣。蓋忠義在我，孝友在我，佛法在我，何往而不自得者也。」對隱元來說，忠義、佛法都是出自個體價值主觀的抉擇，更是超越生死的準則。隱元禪師以下這首〈感懷〉詩，最能見其胸次。詩云：

文華格變地居天，君子道消最可憐。
死節盡忠真鐵漢，填溝塞澗是名賢。
能培蓮土大根本，翻轉儒林又翠然。
佛日堯風光燦爛，並傳正氣萬斯年。

此詩文意淺白，幾乎無須多作解釋，此作旨在強調節義是貫串佛門儒林的根本，特別是在「地居天」——也就是神州陸沉的時節，「志勇」、「氣骨」通貫儒林佛門的論式幾乎如出一轍。

儒佛同風之宗門特色

隱元隆琦此等佛儒並傳的教旨，幾乎通見於初期黃檗宗僧的著作之中。其傳法弟子木菴性瑫禪師（一六一一—一六八四年）說：「儒釋之道，不出仁善二字」、「『眾善奉行，諸惡莫作』，依此而行，則修身、治國，忠孝之道至矣。」另一弟子即非如一禪師（一六一六—一六七一年）也說：「能酬此五人道（五倫），人道乃盡。人道乃盡，可以入佛道耳」、「以跡觀之，（儒、佛）似乎不同；以道達之，而實同也。」莫不可以視作隱元禪師思想的進一步衍申。

參同儒釋幾乎是此際佛門中人（甚至許多文人）節義論述共通的教法，不過，隱元隆琦另闢蹊徑，從大乘般若空觀的夢喻此一進路，對佛門節義觀別開新局。隱元隆琦曰：

人生百歲猶如一夢，一切聖賢佛祖在夢中作一齣好戲，令百千劫後見者聞者無不露出一片忠心赤膽，與聖賢佛祖無二無別，其餘醜陋俱不堪觀。

——〈示眾善士〉

將「聖賢、佛祖」並列即儒佛同風之意，「了卻父母未生前」，本禪門公案，隱元隆琦此處說破即為「萬物根源」，既是形上的，也是倫理的。「直至臨末，無不自由自在」意味超越生死。此處的講法本可通貫佛法，但其既然強調「露出一片忠心赤膽」——則必是就其節義層面立論。

人生如夢，從「般若十喻」[1]到《金剛經》的「六如偈」[2]，皆曾如是說法，旨在強調虛幻倏忽，然從宋代大慧宗杲開始，言「醒夢一如」，晚明僧人乜言「夢即佛法」[3]，易言之，夢成為一種體契真理的入口。夢，已經不再是荒唐無稽、虛幻不實的景致，而是一種文化深層的書寫型態。「人生如夢」是一種人類普同的處境，但在這個短暫的時光歷程中，「聖賢佛祖」卻以生命呈現出動人的戲劇性，成為觀眾崇拜的對象。

在明清佛教的文化論述當中，曾有將佛祖視為最佳演員的論調，例如隱元隆琦的師弟百癡行元（一六一一—一六六二年）4曾說：「蓋世界是箇戲場，盡世界人物是個戲子，盡世界人物倏而生、倏而死、倏而幼、倏而老、倏而端嚴醜惡、倏而榮富困窮，種種奇詭，種種變幻，總是箇戲譜。故我佛如來識破此中關目，棄皇宮，入雪嶺，修行悟道，乃至三百餘會，演出五千四十八卷，末後拈華示眾，以正法眼藏囑咐摩訶迦葉。一本傳奇，駭人觀聽。」（《百癡禪師語錄》，卷十八，〈示梨園眾善友〉）隱元隆琦的說法基本承襲此一論式，但將佛法妙諦的表徵代換成「忠心赤膽」。或者說，在隱元隆琦看來，「忠心赤膽」也與佛法妙諦無二無別。

明代文化入日的重要媒介

黃檗宗傳入日本，不獨是宗教的，文化的意涵更加值得關注。黃檗宗僧人除了將晚明以來中國叢林的禪法帶入日本之外，其文化展演更加引人側目。隱元禪師及其弟子木菴性瑫、即非如一的書法風格獨樹一幟，號稱「隱、木、非」，其詩文書畫的造詣更是日本文人模仿的對象，大量擬仿的結果，創造了日本美術史上所謂「黃檗樣式」（包括書畫、雕刻、建築）。黃檗僧人獨立性易（戴笠）（一五九六—一六七二年）除了以書法與篆刻著稱於世外，將種痘術傳入日本，在日本醫學史的地位上極為重要。

僧人以外，黃檗宗檀越魏之琰（一六一七—一六八九年）所傳的《魏氏樂譜》，為明代音樂最重要的參考資料之一。另一位著名的檀越陳元贇據說是將柔道傳入日本的始祖。也就是說，黃檗宗一度是傳播明代文化進入江戶時期日本社會最重要的媒介，是燦爛繽紛的江戶文化形成過程中不容忽視的原動力之一。日本人亦往往將西瓜、蓮藕、四季豆（日文稱為「隱元豆」）等食物傳入日本，歸功於隱元隆琦。

隱元隆琦與黃檗宗，是說明佛教在近世東亞文化交流史上重要性的絕佳範例。萬福寺收藏為數眾多的明清文物，成為反省觀照當時禪宗儀式、思想與藝術的龍宮寶庫。而這一切，都是發軔於隱元隆琦禪師之手，留給後人無限的追思與仰慕。

1 《摩訶般若波羅蜜經》曰：「諸法如幻、如焰、如水中月、如虛空、如響、如揵闥婆城、如夢、如影、如鏡中像、如化。」，《大正藏》第八冊，頁二一七。慣稱「般若十喻」。

2 《金剛經》中言：「一切有為法，如夢幻泡影，如露亦如電，應作如是觀」，慣稱六如偈。

3 這是晚明僧人徹庸周理（一五九一—一六四一年）的名言。
4 福建漳浦人，俗姓蔡，嗣法費隱通容。

破山海明

破戒止殺的西南禪燈

逆行菩薩‧破山海明

生於明清亂世的破山海明，以大無畏的勇者氣魄，隨順世緣教化眾生，他犧牲一己數十年清淨持戒的修為，使百萬生靈免於塗炭的壯舉，數百年後的今天，仍然令人動容。「出家乃大丈夫事，非將相所能為」，在破山海明身上得到極佳的驗證。

任他魔佛人天，都來吃頓痛棒。
呵呵呵，莫道破山本分，草料不成供養。
——破山海明〈石蓮馮居士詩〉

除了那些遊戲神通的預流聖者之外，在佛教史上，如同破山海明一般，因為破戒而廣獲尊崇的例子如果不是絕無僅有，至少也是寥若晨星。

破山海明，俗姓蹇，名棟宇，祖籍四川重慶。萬曆二十五年（一五九七年）出生，萬曆四十三年（一六一五年）削髮出家，康熙五年（一六六六年）入寂。受法於當時臨濟宗重鎮密雲圓悟，開創在中國西南（川、滇、黔）地區盛極一時的臨濟宗雙桂派（亦稱破山派），西南地區的禪門中人大半出其門下。破山海明既是名震天下的禪門宗匠，詩文書畫亦冠絕當世。

破戒的逆行菩薩

破山海明身逢天崩地解的明末清初，那個時代，官軍與流寇相互砍殺是家常便飯，同時又伴隨瘟疫的流行與遍地饑饉，人命如同風中殘燭，無常隨時都有可能光臨。當時四川地區的涪陵總兵李立陽驍勇善戰，以凶殘嗜殺出名，綽號李鷂子，聽聞破山海明的大名如雷貫耳，特地邀請破山海明至其陣營說法。李鷂子原意本來在藉破山海明自抬身價，破山海明看李鷂子殺戮太過，不免皺眉，某次宴席之上，破山海明又勸李鷂子不要隨便殺人。同樣的話李鷂子大概聽的次數太多，面露不悅，將眼前的狗肉推到破山海明面前，不耐煩地說：「要我不殺人，除非和尚吃肉。」

破山海明合掌向西一拜之後，面色凜然地說：「為了百萬生靈，老僧破戒吃肉算什麼？」就把眼前的狗肉送進口中。李鷂子先是嚇了一跳，旋即回過神來，號令三軍將士今後不得濫殺無辜。本來破山海明已經名滿四川，此舉更是震動天下，成為傳誦千古的著名公案。破山海明犧牲一己數十年清淨持戒的修為，使百萬生靈免於塗炭的壯舉，數百年後的今天，仍然令人動容。「出家乃大丈夫事，非將相所能為」，在破山海明身上得到極佳的驗證。

在李鷂子席前破戒食肉，破山海明竟成為西南活佛，大概是他始料未及吧。自此之後，頻繁出入當時西南諸將領的陣營說法，全活百姓無數。史書說當時破山海明「宰官拜其座下，將軍奉其教律」，又稱他為「逆行菩薩」。

破山海明在李鷂子席上破戒食肉，十六年後，康熙三年（一六六四年），四川巡撫李國英母親圓寂，特地邀請破山海明超薦亡靈。結束之後，李國英備妥豐盛的酒菜宴請破山海明時，破山海明卻面色沉重地說：「過去老僧破戒是因為遇到惡魔，今天卻是因為遇到善人，可以重新持齋。」破山海明從此遠離葷酒，重回清淨僧人本色。可以說：破山海明重新持戒與當初破戒一樣雷霆萬鈞。

同時受曹洞臨濟看重

十六年間，葷酒生涯如何在適當的時機畫下句點，破山海明內心應該隨時有各種聲音不停拉扯。事實上，綜觀破山海明的一生，臨濟與曹洞之間的抉擇、抗清或降清、持戒與否，破山海明看似義無反顧的人生，也隨時洋溢著衝突與爭戰，從破山海明尚在而立之年，歷參江浙叢林，徘徊在當時曹洞宗尊宿湛然圓澄與臨濟宗旗手密雲圓悟二人之間，就可略見端倪。

破山海明出家後不久即離開四川，前往江南尋訪名師，如其自述屬實，在湖北破額山（破山之號的由來），破山海明已破初關，他在江南尋訪名師的目的在尋求印可，以便嗣承佛法源流法脈，以免被譏諷為野狐禪或傳承不正。破山海明行腳求道，最後停留在明眼宗匠雲集的浙東，彼時臨濟宗與曹洞宗的爭執十分熾烈，曹洞宗以雲門顯聖禪寺的湛然圓澄為代表，臨濟宗則以金粟寺的密雲圓悟為代表。

不論湛然圓澄或密雲圓悟都十分欣賞破山海明，希望將他羅致門下，破山海明最終選擇繼承密雲圓悟，但與湛然圓澄門下始終保持良好的往來關係。密雲圓悟的禪法素以猛利著稱，往往「道得也三十棒，道不得也三十棒」，但是破山海明心性高傲，目空四海。湛然圓澄給與破山海明是關懷的溫暖，但破山海明不論在性格上、手段上，以及理想的禪風，都與密雲圓悟有著更高的共通性。破山海明曾經親述一件與密雲圓悟有關的往事。

有一天，密雲圓悟在堂上閒坐，當天大雨傾盆，又不斷打雷。密雲圓悟問身旁的徒眾：「如果雷來打我，你們怎麼辦？」大家都默然不語，只有破山海明做了一首詩，呈給密雲圓悟。密雲圓悟看了不發一語，就轉入方丈室去了。這首詩寫的是：「砰地雷聲透骷髏，幾人歡喜幾人愁。吾師善自分身去，血濺懸河倒逆流。」

這首詩的結尾表面上用了大慧宗杲「眉間掛劍，血濺梵天」的典故，看似稱讚老師禪法高明，可以直追大慧宗杲禪師。實際上是說老師死了，也有人會很高興。最後一句既是送老師的話，也是形容自己，在老師密雲圓悟之後就是我破山海明可以繼承，所以老師好好走吧，不要擔心。這當然是玩笑話，密雲圓悟不會看不懂，又不好意思當著學生面前發作，難怪他不發一語，轉身直接進入方丈室了。

這雖然是一件小事，但也可以看出破山海明自視之高，甚至不把老師放在眼裡。這原是禪者本色，不足為奇。

狂放不羈的奇僧

密雲圓悟一門聲勢極大，門下號稱十二弟子，大弟子五峰如學（一五八五—一六三三年）是個老實人，英年早逝；二弟子漢月法藏與密雲圓悟一向不合，自立門戶，號稱三峰派，與密雲圓悟門下往往針鋒相對，甚至惡言相向，談不上師徒情誼，因此，破山海明雖然名列密雲圓悟第三法子，卻是實際上的大弟子，其禪風猛烈、廣聚門徒、力拒異端的行事風格，亦與密雲圓悟如出一轍。破山海明及其門人開創的雙桂派，在川、滇、黔一帶繁衍極盛，當然也可以看作密雲圓悟禪法的衍波流風。

破山海明的詩、書、畫都享有盛名。近代書法名家啟功先生對破山海明的書法極為稱賞，特別是草書不拘一格，往往令觀者讚歎不已，索書之人不計其數，破山海明不勝其煩。破山海明雖然不以詩僧著稱於世，但其詩往往跳脫格套，這首自述詩〈石蓮馮居士請〉，把當時破山海明狂放不羈的神情刻畫入神。

髮際蓬蓬鬆鬆，眼界空空蕩蕩。
住止東塔街頭，遊戲南海岸上。
肚裡無滴墨水，慣要興風作浪。
踏出虛空骨髓，橫按一條柱杖。
任他魔佛人天，都來吃頓痛棒。
呵呵呵，莫道破山本分，草料不成供養。

「任他魔佛人天，都來吃頓痛棒」，破山海明確實氣吞天人。破山海明之所以能成為密雲圓悟一派在西南另闢天地，不僅由於其為金粟（密雲圓悟）嫡子，更重要的是他一貫大無畏的勇者氣魄。在明清之際的亂世中不憂不懼，無有罣礙，故無有恐怖。隨順世緣，教化眾生。古德言：「入佛界易，入魔軍難。」釋迦牟尼佛亦曾經「當破魔軍，悉令退散。猶如猛風，吹微細花」。

民間傳說破山海明能隨意分身，具神足通，四處化現，周旋於官軍賊寇之間，全活百姓不計其數，多數都是荒誕不經的無稽之談，但卻可以看出破山海明在民眾心目中地位之崇高。破山海明自述其出家因緣在於親睹寶誌〈誌公禪師勸世歌〉[1]，少年的他大概沒想到，有一天他在人民心目中的地位，也與以神通著稱於世的寶誌和尚有著異代同工之妙呢。

1 寶誌禪師，俗姓朱，又稱保誌，誌公，人稱誌公禪師、誌公祖師。梁武帝僧人，備受梁武帝推重，以神異靈蹟著稱於世。〈誌公禪師勸世歌〉流傳極廣，然當為後世託名偽作。原文太長，茲節錄其中部分，以饗讀者。「南來北往走西東，看得浮生總是空。天也空，地也空，人生杳杳在其中。日也空，月也空，來來往往有何功。田也空，地也空，換了多少主人公。金也空，銀也空，死後何曾在手中。妻也空，子也空，黃泉路上不相逢。大藏經中空是色，般若經中色是空。朝走西，暮走東，人生恰似採花蜂。採得百花成蜜後，一場辛苦一場空。夜靜聽得三更鼓，翻身不覺五更鐘。從頭仔細看將起，便是南柯一夢中。」

蕅益智旭

一卷殘經且自劬

八不道人蕅益智旭‧‧‧‧

博覽群籍的蕅益智旭，
明清變動之際，仍安於道、著作不輟，
雖未曾擔任名山大寺的住持，也無出色的門生弟子，
但著作的影響力卻直透時空，
讓今人得以見到亂世中佛法大業的復興。

中原逐鹿苦無虞，一卷殘經且自劬。了得目前無剩法，威音那畔卻成輸。

——蕅益智旭〈病中寫懷〉

在名家如林的明清佛教，蕅益智旭，聲名遠播，萬曆三高僧之後必歸其人，甚至將蕅益智旭與其他三人並稱「明季四大師」，通常佛教思想史寫到蕅益智旭，已經準備進入尾聲。就歷史面來說，蕅益智旭與其他三人年輩不侔，將之並列不免有點引喻失當，且對當時教界而言，蕅益智旭的地位恐怕尚無法與其他三人比肩。

一代學僧　佛教復興

將蕅益智旭列為晚明四大師之末的說法明顯不符合史實，而接近於一種心情或願望；這樣的說法背後多少隱含著一種期盼，希望以一代學僧冠冕蕅益智旭做為此波佛教復興的完美句點。從後世的角度來看，蕅益智旭著作等身，幾乎可以說是憨山德清之後第一人者，其重要性當然不容忽視。

但是，筆者雖研究明清之際的高僧超過二十年，卻不得不承認蕅益智旭生平是難以敘述的課題。蕅益智旭的著述宏富還在其次，最主要的原因還是綜觀其生涯，如果用現代流行語來形容就是一個「宅」字，便可以完全概括。不過，從一個讀書人的角度來看，蕅益智旭既不必擔心太多耗時的生活瑣事，也將無意義的人事往來酬酢減到最低限度，得以將全副生命熱力貫注在讀書寫作之上，這是古今中外讀書人最理想的生活型態。

蕅益智旭博覽群籍，於書幾乎無所不觀，但仍以儒佛經典為主，才能寫出《閱藏知津》。他自稱「閱律三遍，大乘經兩遍，小乘經與大小論、兩土撰述各一遍」，在天崩地解的明末清初，竟有這麼多的時間讀書，真的很不可思議。也許蕅益智旭若擔任大報恩寺、天童寺等大叢林的住持或僧錄司左覺義（明朝官職名），恐怕無法有那麼多時間著書立說。因此，當時雖不耀眼的蕅益智旭，其著作影響卻與日俱增，輕重之間，不言可喻。

明清鼎革　不動如山

蕅益智旭的一生既沒有湛然圓澄的神奇靈異，也沒有憨山德清、紫柏真可的大開大闥；密雲圓悟一門四處踢館的作風自然與蕅益智旭無緣；雪浪洪恩的風雅飄逸亦付諸闕如；連老實修行的無明慧經尚有幾個高足可提，但蕅益智旭的一生極其平凡，除了遍注群經之外，在其生命中幾乎看不到時代巨輪留下任何軌跡，其老師或門人也不見精彩。蕅益智旭的一生就像一條平鋪直敘的河流，沒有陡地滑落千尺，造就一個奇絕壯麗的瀑布，只是依舊平緩地向前流去……。

蕅益智旭生存的年代正逢明清鼎革，當時人稱之為「天崩地解」，在那樣天翻地覆的大時代，奇怪的是，舉世滔滔彷彿與蕅益智旭沒有什麼相干。根據蕅益智旭的生平記述，明清鼎革前一年癸未（一六四三年），他還是「淡定」地閉關閱藏；乙酉年（一六四五年），錢謙益代表南京向滿族豫親王多鐸繳械投降前後，蕅益智旭的成就是「勤禮千佛」、「獲清淨輪相」，如今看來，未免不可思議。

當時，佛教叢林中的見月讀體、蒼雪讀徹，甚至大老級的雪嶠圓信，都無法對明清鼎革一事置身事外，而蕅益智旭竟「閉關」修行。除了表示蕅益智旭定力過人以外，也凸顯了一項事實：在明清佛教思想版圖上，蕅益智旭是個局外人（outsider），尚不在任何教界主流脈絡之內。是暗夜星盤上獨立於大小星雲之外，一顆孤獨發光的星球。

仰慕憨山　私淑台宗

蕅益智旭年輕時，最崇拜的人是憨山德清，曾經一月之間夢見憨山德清三次，足見繫念之深，其刻意選擇的剃度師雪嶺峻師（生平不詳）亦屬憨山德清法脈；單就思想傾向來看，憨山德清不拘一格，融匯百家的風格確實與蕅益智旭最為近似，蕅益智旭並非任何宗派或學說可以籠絡，或簡單分類。

佛教史往往以蕅益智旭為天台中興，可是他之所以弘揚天台，卻是在佛前拈鬮（類似抽籤）的結果，帶有很大的偶然性，與個人意志不見得有關。蕅益智旭也曾經拜謁過天台宗耆宿幽溪傳燈，但似乎不得其法，蕅益智旭竟說：「未得片益。」從這種罕見的激烈口吻看來，這次見面絕非愉快的經驗。

終其一生，蕅益智旭於天台一宗的法脈傳承始終不得其門而入。這樣的命運也與憨山德清十分類似，禪門中人常將憨山德清定義為「不詳法嗣」，這樣的說法其實已與「野狐禪」之類的評語相去不遠。

當時天台宗真正的代表人物應該是幽溪傳燈，終身奉獻給天台教觀一脈，包括修復寺院、刊刻著作，對於天台教觀的弘揚貢獻卓著。相形之下，蕅益智旭固然於天台多所弘揚，但似乎更鍾情於淨土，宋代的慈雲遵式（九六四—一〇三二年）固然也有類似的傾向，但慈雲遵式確實繼承天台法脈無庸置疑，但蕅益智旭似乎更像個「具有高度專業造詣的愛好者」，同時代的天台宗家未必領情。

蕅益智旭明白表示：「予二十三歲，即苦志參禪，今輒自稱私淑天台者，深痛我禪門之病，非台宗不能救耳。奈何台家子孫，猶固拒我禪宗，豈智者大師本意哉？」又說自己「私淑台宗，不敢冒認法派」。這些文字說明，不論蕅益智旭自己或當時天台宗家兩者，皆未將對方視為同道中人。這並不難理解，例如，從理論上來說，相撲高手（蕅益智旭）不一定非要屬於日本相撲協會（天台宗）的成員不可，但在現實上，不屬於日本相撲協會的相撲高手恐怕也不多見，眼前這個相撲高手的招式與傳統不合，又不隸屬相撲協會的任何組織，但其自有高明之處，兼之名滿江湖，其實相撲協會的立場也很為難。

不過，就現實處境來說，原來一代天台巨擘竟不是天台宗人，但卻更符合我們最初的觀察：蕅益智旭一直是個局外人，不在任何主流脈絡之內。

縱攝百家　著述不輟

蕅益智旭本為生員，文采煥發原無足奇，《靈峰宗論》收錄詩偈甚多，在一代學匠光芒掩蓋之下，蕅益智旭能詩之名湮而不彰。蕅益智旭的研究雖然不少，卻罕及其詩，不免可惜。筆者以為蕅益智旭雖然刻意迴避風月浪漫，但刻畫入微，筆力精準，功力深厚，非泛泛之輩可比。以下這首〈自贊〉甚能自道其精神。詩曰：

參禪禪不悟，看教教不深。
持戒不具足，念佛不一心。
慣掉掣空臂，出入荊棘林。
訶佛亦罵祖，狎獸兼友禽。
全身等微羽，片語重千金。
支那國裡留個硜硜小人種，
千古萬古未審誰知音。

前四句分別說明自己對於當前禪、教、律、淨的不滿，看似謙虛，其實意味自己的領悟體會不同於流俗。「荊棘」是文字的代稱，五六句謂自己不禪不教，亦禪亦教。七八句謂自己雖然眼高八方，但不敢忘卻佛門護生本懷。九十句是學問僧畢生心血皆凝著於筆墨之間。末尾即「藏諸名山，傳之其人」之意，並世莫有知者，不妨寄諸將來。

順帶一提，雖然民國初年的弘一法師等人曾為蕅益智旭編著《年譜》，但中文世界第一本關於蕅益智旭的研究專著，似乎就是聖嚴法師的博士論文，謂聖嚴法師是蕅益智旭千古知音之一當不為過矣。

蕅益智旭無疑是個本分衲子，修行不懈，文集中收錄多篇懺悔文、發願文，情真意切，讀來頗為動人；他也是個真誠的讀書種子，即使是漫天風雨，依然著述不輟。不過，一切都只發生在他自己經營的世界裡。

蕅益智旭於儒、禪、教、律四端「蹴然不敢」、「艴然不屑」，故而自號「八不道人」。或許，蕅益智旭真正想說的是：他對佛教自有一套理想與論述，並世無人了解。關於這點，他雖然有埋怨，有不平，但仍舊不改初衷，事實證明，就是這樣的堅持，讓蕅益智旭成為佛教思想史上不能繞過的參天巨樹，即使後世對其充滿誤解，但縱攝百家，著作等身，終究打下明清佛教史上不能忽視的專屬一席之地。

第二篇

亂世悲心度群迷

妙峰福登

建刹如那蘭陀

明末清初的妙峰福登禪師，一生神異傳說為人所樂道，
但他廣興佛刹，博得「佛門魯班」美名，
又造橋鋪路，捨藥施茶，周濟群生，
在僧傳中被歸為興福科，而非感通科。
他篤實的修行底蘊，與無私為佛教奉獻身心的悲懷，
是明清佛教一頁動人傳奇。

真來佛子‧‧‧‧妙峰福登

予常竊謂：
假能以似師之緣，攝歸一際，作助道具，
建剎如那蘭陀，性相並樹，禪淨雙修。
則四十餘年，足不離影。
而於法門之功，當與清涼東林比隆矣。
觸目華藏淨土莊嚴，又不止三山十剎而已也。
——憨山德清〈敕建五台山大護國聖光寺妙峰登禪師傳〉

雖然禪宗講「運水搬柴」或「飢來吃飯睏來眠」即是神通妙用，刻意降低佛教的神異色彩。但從佛教傳入中國伊始，神異僧的靈異傳奇便不斷吸引眾人的目光，從早期的佛圖澄、誌公、傅大士、寒山拾得、萬迴等眾所周知的歷史人物，一直到近代的「金山活佛」，神異僧傳奇一直是大家津津樂道的話題，更是小說戲曲的絕佳題材。

神異傳說　貼近民間

從文學史的角度看，晚明清初出現的《醉菩提》系列作品，成功打造一個家喻戶曉的神異僧代表人物——濟公和尚，甚至走入一般人的日常生活當中，而且貫串佛、道兩教，在民間宗教信仰（至少在臺灣）當中，濟公的角色極其吃重。濟公故事另外一個值得注意的是：故事的時空背景設定在南宋的臨安（杭州），反映了高度都會化、市場化取向的都會民眾對佛教的要求與期待。

在此以前，神異僧傳說的主要背景都與國運、朝廷、帝王有關，但一代神僧濟公和尚的故事則與之前的神僧故事大異其趣，多數的濟公故事都與當時新興都會生活型態有關，特別是《醉菩提》系列作品當中，為富不仁的比例特高，說明社會底層的民眾（小販、妓女）感受到政治經濟雙重體制的壓迫，特別將解脫困境的希望寄託於佛教，此種心情在濟公故事中表露無遺。以今視昔，不僅是似曾相識，簡直是如出一轍。

佛教固然有最高明的哲學，但一般市井大眾於此近乎絕緣；宗教畢竟有別於哲學思想，除了尋章摘句等書桌上的工夫以外，還有許多方法可以證入妙境。更確切地說，完全從知識上探索，絕對無法探究佛法玄義真諦，所謂「說食不飽」，正是佛門大忌之一。如果神通妙用之目的在於接引入道，是非對錯或許應另當別論。

明清佛門宗匠修為精深不在少數，具有神妙莫測境界自然不乏其人，如前所述，雪浪洪恩、湛然圓澄、破山海明、蒼雪讀徹等人都有種種神奇靈異傳說，但上述諸公皆出身佛教名門正派，幾乎絕口不談此事。在明清佛教史上，以不可思議境界著稱，又帶點人文氣息的僧人另有其人，例如妙峰福登。

佛門魯班　大興佛事

妙峰福登，山西平陽人，俗姓續。少年時出身寒微，曾為人牧羊，十二歲出家，十八歲時四處行乞，最後依止於蒲州城文昌閣朗公和尚。因緣巧合，結識山陰王朱俊柵，山陰王一見，知為法器。不久發生地震，樓閣盡毀，人卻毫髮無傷，山陰王深感訝異，不斷資助妙峰福登修行求法；又囑其雲水南詢，遍歷善知識。

妙峰福登於南京大報恩寺，結識當時任副講的憨山德清，起因竟是他負責打掃的廁所過於乾淨。憨山德清原欲隨之入五台山，不料他卻先行遁去。但二人日後又於北京重逢，憨山德清就隨之入五台山。兩人本欲舉辦盛大的無遮法會，後改成專為皇室求嗣的祈嗣法會，數月之後，便得感應，自是之後，名震天下，但兩人在此之後分道揚鑣。憨山德清雖然漂泊各地，終成一代名僧。

妙峰福登在五台山祈嗣法會之後，享有全國性聲望，已非當日市井行乞之徒可比。先是兩宮太后為其在五台山盧芽頂興建大華嚴寺，鑄造七層萬佛鐵塔。因妙峰福登曾參與建築設計，自此之後，妙峰福登一躍成為「佛門魯班」，北方佛寺的修築，妙峰福登幾乎都參與其中，例如山西蒲州的萬固寺、寧化的萬佛洞。更不可思議的是，除了佛寺之外，橋梁也是妙峰福登的拿手好戲，例如陝西三原的渭河大橋、兩層三十二孔的宣化大橋、滹沱河大橋、阜平大橋。一時之間，妙峰福登成為佛家五明當中「工巧明」的代言人。

佛寺建造尚不難理解，至於跨河大橋的浩大工程，妙峰福登竟然不但勝任愉快，甚且傳頌千古，實非凡人所能及。他又在王宮貴族的資助之下，修建宏偉的佛像與佛殿，分別安置在普陀山、五台山、峨嵋山等處，當時普陀山由於倭寇侵擾，無法親至，只好先安置在南京附近的寶華山，後成一大叢林，即今日的寶華山隆昌寺。五台山大佛則安置於永明寺，即今日的顯通寺前身。復於永明寺舉七處九會道場，大興佛事。

妙峰福登久居五台山，以道路崎嶇，於周圍造橋鋪路，又建接待院，廣接四方。廣設長壽院（如今之養老院），捨藥施茶，周濟群生。其一生興建道場十餘處，全數為十方叢林，各擇賢能者居之，不許弟子住持，大公無私的精神令人感佩。萬曆四十年（一六一二年），御賜其金佛繡冠、千佛磨衲紫衣，以及「真來佛子」之號。是年十二月示疾，集眾開示後，端坐而逝。

不廢初衷　動人傳奇

妙峰福登一生靈異神奇傳說不斷，但最可貴的是，不廢初衷，為佛法奔走不遺餘力，真參實證之功絕不偏廢。其早年三年不臥修習「法界觀」後，遂終生脇不至席（不倒單）、血書《華嚴經》，由於其奮力修學的過程歷歷可見，故未入感通一科，但正因如此，更顯可貴。

最令人覺得不可思議的是，妙峰福登原先只是一個卑賤的市井行乞僧，能得到山陰王的青睞已經令人羨慕不已，不料竟然能得到皇室（主要是兩宮太后）的資助與信賴，幾乎成為晚明皇室派駐五台山地區的代表。在這樣的基礎上，他無私地為佛教奉獻身心，可說佛門「將此身心奉塵剎」信念的具體實踐。

傳統僧傳雖然往往將妙峰福登置於興福（建剎）科，而非感通科。他早年也曾嘗試作詩，卻受到山陰王嚴重告誡，故與文字禪幾乎絕緣。從今日的角度來看，建築也是一門高超的藝術，他所參與的重大工程，如五台山顯通寺、寶華山隆昌寺、寧化萬佛洞，如今都是法門重鎮，亦可視作妙峰福登傳世至今的偉大藝術作品，也是明清佛教一頁不能忘卻的動人傳奇。

妙峰福登一方面彰顯神異，一方面又在人間廣興佛剎，他的故事彷彿正以一種特別的方式說明「成佛必在人間」。

祖庭有記源流融

明季天台巨匠・・・・幽溪傳燈

世稱「幽溪大師」或「傳燈大師」的幽溪傳燈，
對天台、禪、華嚴、楞嚴與淨土等均有深入的研究，
在明清佛教復興的滔天巨浪中，
幽溪傳燈被視為「中興天台」的代表人物，
他重建高明寺，成為天台重鎮，
在佛教史或天台史，都是不可取代的要角。

科文析義等著叢，一心三觀裁清衷。千數百年台教隆，幽溪靈跡荒戎戎。
大師一喝緇白聾，祖庭有記源流融。截斷舌頭炯雙瞳，看雲雲盡日初紅。
自去自來誰始終，太平寺左棲穹窿。泉不涸矣山不童，紺岩碧岩齊崆峒。

——蔣鳴玉1〈有門大師塔銘〉

天台宗是中國本土最早成立的佛教宗派，在中國之外的東亞各國，也有廣泛的影響。在日本，天台山的重要性幾乎可與五台山等量齊觀。過去入唐求法的日本僧人，莫不以親踐天台山斯土為榮。

從智者大師（五三八—五九七年）開始，天台宗始終維持一定的局面。但入明以後，卻一度衰微，雖然是因為情勢使然，但做為中土佛門一大宗派，門下竟然一兩位高手都找不到，還得依靠外援，說起來不免有點難堪。蕅益智旭對天台學說極具熱情，但其動機多在矯正禪門流弊，與立足天台宗家的出發點畢竟有所不同，故其思想未必與正統天台宗家完全一致，彼此反而還有經常叫陣的情形發生。

過去天台宗內部固然也有山家山外之類的論爭，但那畢竟還在家門之內，將「中興天台」歸功於蕅益智旭的說法，其實是後人從紙面資料歸納建構之後的「後見之明」。

當時佛教界以為「中興天台」的代表人物另有其人，而此功勳捨幽溪傳燈外，不做第二人想。

復興天台　修高明寺

幽溪傳燈，生於嘉靖三十三年（一五五四年），圓寂於崇禎元年（一六二八年）。浙江衢州府西安縣人，俗姓葉，字無盡，號有門。其父以醫行世，逝於廣東。幽溪傳燈早年業儒，讀《龍舒淨土文》後發心出家，其母不許。明萬曆七年（一五七九年），大病，其母遂許出家。初投禮進賢映庵禪師（傳燈的老師，生卒年不詳）剃染，受《永嘉集》。明神宗萬曆十年（一五八二年），問楞嚴大旨於天台宗百松真覺法師（一五三七—一五八九年），百松真覺瞪目直視，突然契入，緣習頓盡，後百松大師授以衣缽。卜居天台山幽溪高明寺，立天台祖庭，教授學徒，兼研禪、淨土與戒律，世稱幽溪大師或傳燈大師。著有《性善惡論》、《淨土生無生論》、《忠孝愛敬論》、《天台山方外志》、《幽溪別志》等。

幽溪傳燈從各方面興復天台，包括興復剎宇、印造藏經，修寺志、廣著述，遍注群經，同時兼擅詩文書法，與當時名重一方的江南士人，如焦竑、馮夢禎、屠隆皆為莫逆之交。然其不攀緣權貴，肥遯高蹈，頗有世外高士之風。

幽溪傳燈生平最重要的功績，乃在重興高明寺一事。天台山高明寺原為智者大師手創於陳朝，唐宋時曾經盛極一時，至明代中葉竟傾圮荒蕪。萬曆十四年（一五八六年），幽溪傳燈行經此地，乃有終老之念，從一無所有開始，最後竟然發展成為一大蘭若，僧人多至數千。晚明時，幽溪傳燈與高明寺幾乎已是同體異名，命運緊緊相連。高明寺儼然成為晚明天台學說的發信地，甚至有凌駕國清寺之勢，幽溪傳燈居功最偉。

高明寺重建之後，尚缺一部藏經，幽溪傳燈親赴金陵請藏之前，鑑於過去藏經紙張品質不佳，以致經常損壞，於是特別創造一種特別的保存方式，印以竹紙、裹以藤箋（不裂）、染以黃蘗（防蟲）、裱以法糊（不易脫）、晝以餤火（不燒），折衷古制而不廢實際。這雖然不是什麼了不起的大事，但幽溪傳燈縝密圓融的處事風格由此亦可見一斑。

潛行密用　靜觀有得

就輩分來看，幽溪傳燈略晚於憨山德清等「萬曆三高僧」，尚在密雲圓悟之上，雖然一向置身天台山中，但於時代風氣亦不能無涉，其融合儒釋（來自憨山德清）、淨土（可能受到雲棲袾宏的影響），強烈的藝文傾向更是不在話下。不過幽溪傳燈較為保守拘謹，對於介入現實政治或城市經濟十分小心謹慎，少了一點紫柏真可或憨山德清的大開大闔，或許對他們的遭遇有所警惕，更多的是如愚如魯的「潛行密用」，無疑較接近雲棲袾宏的態度。

但這不代表幽溪傳燈和光同塵，相反地，他對於天台傳統的認知與堅持，具有高度的使命感。在天台的基礎上（特別是「性惡說」），對儒家傳統與其他學說加以嚴正的批判，類似幽溪傳燈這般鮮明標舉學派旗幟的態度，或許可謂密雲圓悟的先聲。但與密雲圓悟不同的是，幽溪傳燈對於造訪天台山的後生晚輩，不分門派，一律春風和藹，特別是勇猛精進的英靈衲子更是讚譽有加，顓愚觀衡就曾在天台山與幽溪傳燈竟夕長談，在顓愚觀衡心上留下了深刻的烙印。

高明寺的檀越主為馮夢禎、屠隆等人，幽溪傳燈與之酬唱無間。其詩作充滿山林風味，與僧詩傳統氣味頗為相合。在此一精神基調之上，出以靜觀有得的巧思，大抵為幽溪傳燈詩作給人的第一印象。例如以下這首〈松茵吟〉，其詩云：

棕團建寧來者佳，穿來三十三道連針花，
一道高索一分價，棕長圓赤真堪誇。
何如幽溪松高大，初冬落絲黃與亞。
台基徑方一丈餘，縱橫羅織滿其下。
昔人常喜席花茵，花茵須待來年春。
松茵堆積半尺厚，不煩侍者來鋪陳。
結跏趺坐多厚煖，山中受用無拘管。
如來常坐吉祥草，此比吉祥猶綖綩。
分付兒童弗掃卻，春冬任使其敷着。
直待松花零落時，黃金滿地花堪嚼。

所謂「松茵」，即松針，松針落地多時厚積如毯，故稱為「松茵」，「松葉滿徑」

是傳統山水詩常有的意象，幽溪松樹的高大，此處用以比擬本門佛法造詣高妙且淵源有自，此處「棕團」之意略同「諸方五味禪」，指價昂罕聞的珍稀之物。松茵隨手可得，正在人倫日常之間，看似平常，卻是大用現前的真實體現。借如來常坐之吉祥草以擬松茵，一見僧家本懷，一則見定力遠過常人。松針如茵，工夫何等精深！由松針落至松花落兩者之間，本體恆常不動，時光流逝，如在定中。禪宗修辭傳統中，花落果熟皆喻道業熟成，此處松花零落堪嚼之意，乃指功德圓滿，人間教化流行不息。

法因人存　天台指標

綜觀明季清初的諸山長老，多有「天台習靜」的經歷，恐或多或少曾與幽溪傳燈有所交流，幽溪傳燈做為當時天台宗代表人物的形象亦廣植時人心中。比較可惜的是，幽溪傳燈的門人不夠強大，莫能將其師說充分發揚光大，如果當時能順利羅致藕益智旭於其門下，局面也許會完全不同。

撇開這層不談，幽溪傳燈在佛教史，特別是天台宗的歷史，具有不容忽視的重要性，時至今日，大有重新檢討認識的必要。在明清這波佛教復興的滔天巨浪中，做為中國佛教第一個出現的宗派天台宗畢竟不曾缺席，最重要的原因就是幽溪傳燈，法因人存，斯此之謂也。

1 蔣鳴玉，字楚珍，號中完，江南鎮江府金壇（今屬江蘇省）人。明崇禎十年（一六三七年）進士，官至台州府推官。其〈有門大師塔銘〉收錄於幽溪傳燈的《幽溪別志》。

無異元來

獨有歸家路一條

曹洞宗壽昌派第一健將無異元來

曾讓雲棲袾宏贈「演暢真乘」四字的鷹揚青年無異元來，
為何獨鍾曹洞宗壽昌派？
為何折服於貌似老農的無明慧經？
其與無明慧經的師徒深情，
可說是禪宗「啐啄同時」精神的絕佳體現。

會晤須臾與道交，泥途百里不辭勞。將何人事訓君去，獨有歸家路一條。

——無異元來〈與吳石生居士〉

密雲圓悟開啟臨濟宗在晚明的新紀元，雖然其師龍池幻有從未特別標舉臨濟宗的旗號；而真正奠定曹洞宗在晚明地位與局面的人物首推無異元來，其師無明慧經固然堅守曹洞法脈，然深居不出，影響力無從輻射，真正具有強烈的活動能量，風靡一世，能言善道、著作宏富，不但能代表曹洞宗挺身與臨濟宗直接抗衡，聲名且遠播於後世、異國者，除無異元來之外，不作第二人想。

無異元來在二十世紀聲價走高，起因於日本禪學泰斗鈴木大拙（一八七〇—一九六六年）對其著作《參禪警語》一書推崇備至。《參禪警語》何時傳至日本尚難論定，不過，可以肯定的是，此書在日本流傳甚廣，刻本極多，在鈴木大拙之前，早已是日本禪門必備讀物之一，不過透過鈴木大拙的標舉，無異元來似乎具有高度的現代意義，光彩日增。事實上，《參禪警語》甫問世之際，也立刻引來當時禪林尊宿的注目，連罵遍諸方的臨濟宗巨擘密雲圓悟亦對無異元來深致讚賞，絕非易事。

先習天台　後謁慧經

無異元來，俗姓沙，舒城人，諱大艤，字無異，慣稱無異禪師。出生即不食葷血，十六遊金陵瓦棺寺，聽雪浪洪恩門人講《法華經》，慨曰：「求之在我，豈可循文逐句哉？」遂至山西五台山出家，先習天台止觀，至「內焉不知有血肉身心，外焉不見有山河大地」，夙慧之深不難想見。後謁無明慧經，獲其印可，於其座下充首座。萬曆三十年（一六〇二年），初住博山能仁寺，大振宗風，世稱「博山元來」，望風而至者，數以千計。歷住仰山寶林寺、鼓山湧泉寺、南京天界寺。住南京天界寺時，四方大眾駢集，至數以萬計。崇禎三年（一六三〇年）示寂，世壽五十六，僧臘四十一。

明清叢林似乎天才輩出，無異元來又是一個聰穎早慧的例子，其獲無明慧經印可時只有二十七歲，主博山能仁寺亦不過二十八歲。是以無異元來在五十六歲的英年捨報，但其成名甚早，故從其出世至示疾，亦有三十年光陰，大展身手亦綽綽有餘。無異元來曾形容自己「出世太早，謝世亦應爾」的說法，不知果真是預知時至或純屬偶然。除了其師無明慧經之外，晚明叢林尊宿憨山德清、雲棲袾宏，以及諸山長老，對這個一心承擔佛法氣脈的年輕後生無異元來的聰穎靈利無不稱賞有加，雲棲袾宏曾親書「演暢真乘」四字贈之，足見其期待之深。

晚明分宗立派的風氣極盛，無異元來雖然備受諸方注目，但卻從未有開宗立派的想法，對於其師無明慧經推崇備至，事實上，曹洞宗壽昌派大行於世，無異元來居功厥偉，但無異元來卻只一心弘揚壽昌禪法。一個有趣的對照是雪嶠圓信，他曾在繼承臨濟宗法脈與自立雲門宗兩者之間猶豫不決，最後亦不得不息心斷念，但與當時臨濟宗（特別是密雲圓悟門下一系）已形成相當程度的緊張關係。

壽昌健將　師徒情深

相形之下，無異元來雖然並未自立門戶，但其為曹洞宗壽昌派第一功臣，在佛教史已有屹立不搖的地位，然而更令人印象深刻的是：無異元來這樣一個舉世矚目、精彩煥發的鷹揚青年，對於一個貌似平凡的無明慧經竟念茲在茲，除了令人動容的師徒深情之外，似乎還有些什麼值得深思。

從佛法修為的歷程來看，無異元來最初出家因緣，乃對當時江南華嚴重鎮雪浪洪恩門人講經有所不滿，後往五台山，就教於月川鎮澄，足見其最初於佛法下手處在華嚴、唯識一路，親炙當時南北華嚴教家兩大甘露門，少年時滯留五台山五年，於密教應該或多或少有所涉獵，也曾修習天台止觀，頓入真空，復念念不忘依止雲棲袾宏參究念佛法門，持戒謹嚴更是理所當然。

如此看來，無異元來雖然年輕，性相台賢、禪淨律密諸方法味竟已嘗遍，融通無礙後自出機杼，環顧當時已是鳳毛麟角，放眼後世更是罕有儔匹，確是不世出的魁碩英才，無怪乎備受諸方長老期待，因此無異元來思想帶有強烈的融會色彩也在意料之中。

與強調論資排輩的儒家大不相同，禪門具有「不重已學、不輕未學」與「但問見地，不問行履」的優良傳統，有能力、有氣魄的青年後生才是佛法希望所寄，備受前輩賞識的無異元來學養豐富、禪定高深，承擔佛門氣運的豪情萬千，生命的方向已經大致底定。但對無異元來而言，前所未有的強烈震撼卻來自看似凡庸無奇的無明慧經。

父素嚴毅　四生慈父

據說無異元來第一次見到無明慧經時，由於無明慧經平凡到令人驚訝，簡直就是一個樸拙無奇的老農夫，與過去慣見的諸山長老皆不相同，所以「當面錯過」，日後再次登門請益時，方領悟自己原來有眼不識泰山。無異元來行腳雲水過程中，並世的耆宿長老、英雄豪傑的絕世風采已經不在眼下，或門風高峻、或勇敢果決，卻從未見過如同無明慧經一般樸拙無華的大師。

無異元來雖年輕，能力學養具臻上乘，兼之十分愛惜羽毛，前程遠大不難想見，外表平凡的無明慧經反而讓無異元來卸下防備，爭競求勝之心頓歇，如同一陣涼風，吹拂無異元來熱烈焦躁的心頭。深闇曹洞「如愚如魯，潛行密用」門風的無明慧經，不僅對無異元來的才能完全了然於心，也提供無異元來自由伸展的舞台，更教導無異元來如何適時放鬆身心。

須知無異元來其父「素嚴毅」，未必真能理解無異元來的內心，或許還有種種不為人知的緊張衝突，十六歲即捨俗出家，一直自課謹嚴，力求精進，出家以後，長輩關愛的眼神從來不缺，在高度自我期許的同時，緊張與不安想必經常在內心盈漾，無明慧經對他的理解、包含，令無異元來感動無已，稱無明慧經是「四生慈父」，也就是說，無明慧經讓無異元來重新體會了睽違已久的父愛，還有家庭般的溫暖。

無異元來是晚明曹洞宗壽昌派第一健將，不論禪定工夫或思想境界都是當時最上一路，但更令人印象深刻的是，其與無明慧經師徒之間的深情高誼。在無異元來的精神原鄉，無明慧經是真正意義的父親，無人可以取代，弘揚壽昌禪法是無異元來對其師其父唯一且最好的報答。無明慧經也深知：他並不能真正教導無異元來什麼新的知識，而是協助整理無異元來的心情，讓他在最好的時機能夠有最好的發揮，這就是禪宗教育哲學「啐啄同時」精神的絕佳體現。

嘶吼飛龍　不動如山

無異元來固然不以詩文著稱，然其與文人學士往還無間，詩文固其餘技，但集中佳構亦不少見。例如以下這首〈偶成〉一詩，層層轉折，亦頗見練字之功。詩云：

山居深羨虎溪蹤，有客多從笑裡逢。拄杖挑殘紅日影，芒鞋蹋破紫雲封。
烹茶敲箸訕彌勒，顛酒狂歌罵誌公。稍覺清風來谷口，梳翻松檜若飛龍。

這首雖題作〈偶成〉，然帶有山居詩的性質，則自不待言。首二句乃變化「虎溪三笑」1而來，同時意謂門庭廣大，與儒生羽客亦相處融洽；三四句化用貫休「芒鞋竹杖寒凍時」與蘇軾「竹杖芒鞋輕勝馬，誰怕？一蓑煙雨任平生」等名句，以竹杖芒鞋比喻弘法利生的僧家本願；五六句則寫懷抱，茶香與書香同時裊繞，不敢認同神僧寶誌看似毀戒壞律的行徑，兼以暗涵作者高視八方之意；七句化用「薰風自南來，殿閣生微涼」的公案；結尾雖是寫景，實以飛龍自喻，靜中有動，動中有靜，佛法消息在手，來日塗毒天下看我。此詩雖然用典，但不落痕跡，結尾動人心魄，卻又意在言外，非大手筆不能到此境，如實地寫出無異元來的胸襟與懷抱。

如果無異元來是風雷嘶吼的飛龍，那麼無明慧經就是一座山，笑看雲行雨施，潤澤萬物。明清叢林固然精彩迭出，甚且相互爭鬥的場面無刻無之，但無明慧經與無異元來的師徒深情，仍然散發令人感動良久的溫暖與光輝。

1 典故出自東晉慧遠禪師（三三四—四一六年），據說禪師送客出寺只到東林寺前的虎溪。但有一次，禪師因與陶潛與廬山簡寂觀道士陸修靜暢談義理，興猶未盡，不知不覺就過了虎溪，以致慧遠所馴養的老虎馬上嗚吼警告，三人相顧大笑，欣然道別。

永覺元賢

剛將傲骨抹儒禪

曹洞宗壽昌派重鎮・・・・永覺元賢

曹洞宗壽昌系流傳最廣，影響也最大，
福建鼓山湧泉寺世為壽昌叢林，
臺灣佛教也多系出鼓山湧泉寺，
在永覺元賢大興佛事下，
湧泉寺成了「閩中第一山」，
永覺元賢也博得「鼓山和尚」的美譽。

老漢生來性太偏，不肯隨流入世纏。
頑性至今猶未化，剛將傲骨挾儒禪。
儒重功名真已喪，禪崇機辯行難全。
如今垂死更何用，祇將此念報龍天。
——永覺元賢〈病中示眾〉

近代中國禪宗史上，虛雲大師號稱融貫禪門五家法脈，學者於此畢竟不能完全無疑，例如中斷數百年之久的溈仰宗與法眼宗的法系傳承從何而得？這是歷史問題，不是思想問題，需要堅實的歷史證據。

鼓山湧泉　壽昌叢林

不過，關於曹洞宗的傳承，雖然不若臨濟宗這般漪歟盛哉，但畢竟一息尚存。晚明以來，曹洞宗在中國大抵可以分成少林系、雲門系、壽昌系三個支脈，但影響最大、流傳最廣、著述最多、成就最高，無疑首推壽昌系。學者一般談及曹洞宗的歷史發展，往往以壽昌派做為燦爛的句點。

但曹洞宗壽昌派並不是完全成為歷史，壽昌派的傳衍在福建、江西、廣東等地仍然子孫繁茂，海外依然不絕如縷，例如在日本與越南仍有壽昌子孫。除此之外，在臺灣亦占有重要的地位，臺灣近代佛教淵源與曹洞宗壽昌派關係極深，尤其是福州鼓山湧泉寺。近代開創臺灣佛教的佛門人物，多半出身鼓山湧泉寺。故許多臺灣佛教道場往往視福州鼓山湧泉寺為其祖庭。

鼓山湧泉寺歷史悠久，號稱千年古剎。但晚明開始，福建、江西等地的學士大夫與叢林尊宿又聯手開創了鼓山湧泉寺的黃金時代。無異元來應閩地曹學佺[1]等人之邀，駐錫鼓山湧泉寺，大闡宗風，從學之眾多達數千，乃壽昌禪法初開鼓山的權輿，自此之後，鼓山湧泉寺世為壽昌叢林，至今壽昌堂仍然在湧泉寺占據一個顯眼的部分。

然而，無異元來終究聲譽太隆，居鼓山湧泉寺年餘即返回博山，繼主南京天界寺。易言之，無異元來雖然有開闢之功，但真正奠定鼓山湧泉寺今日規模的根幹，在廣厚的基礎之上，經營鼓山湧泉寺成為壽昌派根本道場，在東南沿海，兼及海外，散發出難以匹敵的影響力，鼓山湧泉寺幾乎可以說是壽昌禪法弘揚海外的發信地，而使千年古剎重新散發燦爛光芒的第一功臣，首推無異元來的師弟永覺元賢（一五七八—一六五七年）。鼓山湧泉寺原本已有相當豐富的收藏，永覺元賢又為其修葺殿宇，使其煥然一新，刊刻寺志《鼓山志》、大興佛事，士庶爭相趨仰，鼓山湧泉寺成為「閩中第一山」、「閩中叢林之冠」，永覺元賢居功最偉。

一九二九年日本學者常盤大定（一八七〇—一九四五年）考察中國佛教遺跡時，對湧泉寺的豐富收藏與壯麗規模印象深刻，稱之為「法窟第一」。當時常盤大定所見到的鼓山湧泉寺基本上大體奠基於永覺元賢之手。如同無異元來對博山能仁寺的巨大貢獻，永覺元賢個人的形象已與鼓山湧泉寺疊合無間，世稱其為「鼓山和尚」，可謂名實相符。

儒家之後　鼓山和尚

永覺元賢，福建建陽人，俗姓蔡，為宋代大儒蔡元定、蔡沈[2]一門之後人。生於萬曆六年（一五七八年），幼習儒，因聞人誦《法華經》，當聽到「我爾時為現，清淨光明身」時，忽悟周孔之外別有道，後棄俗出家，依止無明慧經。然不及一年，無明慧經遷化，往依無異元來三年，後又往謁雲棲袾宏弟子聞谷廣印（一五六六—

一六三五年），一見豁然，遂受菩薩大戒。後應張二水相國、呂天池侍郎之邀，開法閩中，歷主泉州開元寺、福州鼓山湧泉寺、建州興福寺等。著作宏富，其門弟子為霖道霈（一六一五—一七〇二年）編成《鼓山永覺和尚廣錄》。

不知何故，言及明清儒生出家，蕅益智旭總成為箇中翹楚。事實上，明清之際叢林尊宿當中，儒生出家為數眾多，不可勝數，連雲棲袾宏都有生員身分，蕅益智旭實在不能算是個特別的例子。

撇開明清鼎革之後的出家遺民不算，例如俗名方以智的無可弘智（一六一一—一六七一年），永覺元賢不論家世、資歷、儒學造詣、著作都不在蕅益智旭之下，只是著作流通範圍不若蕅益智旭之廣，過去學界談及永覺元賢，幾乎全部仰仗日本刊行的資料，當然永覺元賢不是單一特例，這也是學界研究明清佛教的困境，幾乎全部仰仗過去日本刊行的藏經，而於原始資料幾乎從來不曾親見。

其實，中國方面資料並不匱乏，只是欠缺現代化的整理，例如鼓山湧泉寺的藏經樓享譽海內外，收藏藏經版本與歷代祖師大德著作極其豐富，可惜一般人仍不易一親芳澤。未來若能進一步開放與刊行，並用現代學術研究的觀念與方法加以重新編目整理，才能讓學界與大眾對過去祖師大德的學行有更深的認識，對漢傳佛教的研究才能有更積極的貢獻。

法門昆仲　瑜亮情結

永覺元賢經常與無異元來並稱為無明慧經門下兩大神足，但永覺元賢依止無明慧經不及一年，且重關未破，而綜觀永覺元賢的學習歷程，主要包括無明慧經、無異元來、聞谷廣印，起手在無明慧經，證悟在聞谷廣印，其與無異元來的關係最堪玩味。

無明慧經入滅之後，永覺元賢曾經依止無異元來三年，彼此又有法門昆仲的情誼，但永覺元賢竟然在無異元來圓寂之初說他當時「無所得於師」，日後雖然永覺元賢也說「有造於余」，但兩人之間調性不同，似乎也是不爭的事實，學界時以瑜亮情結解釋兩人的關係。但筆者以為無異元來與永覺元賢二人都是不世出的佛門英傑，心胸斷不至如此狹隘。瑜亮情結容或不能無之，但絕不至於橫掛胸中不去。真正的因素恐怕還是成長背景的不同。

前已言之，無異元來宿慧之深、法緣之厚，並世罕有其儔，而永覺元賢則家世業儒，終其一生始終對儒學保持高度的親近感，以「清淨光明身」（法身）為入道之階，相對於無異元來甫習止觀，立刻就可以證入真空境界的神異英才，永覺元賢從一個儒者轉身成為佛弟子，其間所經歷的艱難困苦，實非無異元來所能體會，而永覺元賢偏偏又總是跟隨著無異元來的腳步，包括入主鼓山湧泉寺。

對永覺元賢而言，無異元來雖是天上燦爛的明星，但兩人的生命軌跡並不相同，不能執一以求。而且事實上，永覺元賢也以自己的方式續佛慧命，成就了另一番令人動容的事業。

同體大悲　僧家本懷

永覺元賢本為生員出身，遣詞用字在明清叢林堪稱一流，以菩薩心腸看明清交替的動盪時局，實為淒涼悲苦。永覺元賢集中詩作固然以詩談禪或山林風物等傳統僧詩一路，但更動人的卻是描寫明清之際種種悲淒的社會景象。例如以下這首〈設粥賑饑〉，詩云：

莫道披緇萬事休，流離滿目孰無憂。

田園荒盡口猶在，妻子散來身亦愁。
進食每懷漂母惠，棄家豈學子長遊。
自慚未是忘情者，饒舌豐干勸普周。

這真是一幅悲慘的浮世繪，此詩顯為永覺元賢強烈現實關懷之一端。滿清入關以後，福建地區一直是抗爭最烈的地區，因此死傷極其慘重。傳統文學批評家每喜以「蔬筍氣」諷刺僧詩缺乏現實關懷。然而永覺元賢之詩卻帶有強烈的現實意味，幾同「詩史」。這首詩的詩意明白，幾乎不必解釋。

弘法利生是僧家本懷，特別是家國動盪、生民流離之際。施粥濟貧是中國僧家傳統的賑濟方式之一，後由黃檗僧人傳至日本。五、六句皆用漢代（韓信與司馬相如）典故，暗喻漢人處境淒涼。起首說僧人不可無視於時局之動盪，末尾則呼籲叢林同志有志一同賑濟災民。此詩雖然站在僧人立場發言，對流離失所的百姓充滿同情與悲憫，幾乎可以說是「人間佛教」的先聲。

鼓山湧泉寺是永覺元賢最重要的事業與心力所在，無異元來英年早逝之後，壽昌派一時人望盡歸於永覺元賢。從鼓山湧泉寺與臺灣佛教界的深厚淵源來看，永覺元賢的心髓或許已經在飄流過海，在蓬萊寶島發芽生根。相對於師兄無異元來的精彩煥發，永覺元賢帶有更為強烈的現實傾向，或許這也正是無明慧經「大好山」公案精神的傳神模寫。

1 曹學佺（一五七四—一六四六年）明代官員、學者、藏書家，閩中十子之首。字能始，一字尊生，號雁澤，又號石倉居士、西峰居士，福建福州府侯官縣洪塘鄉人。

2 蔡元定、蔡沈為父子，為建州建陽人（今福建建陽市）。蔡元定曾師事朱熹，與朱熹亦師亦友，兩人易子而教，故蔡沈師承朱熹。蔡元定曾被貶道州，蔡沈也隨之前往，父子常以探究理義自怡，不改其樂。

顓愚觀衡

大開爐冶鎔六合

有著憨山德清「第一高足」光環的顓愚觀衡，綜攝明末清初諸大家之長，禪教合一，兼擅詩文，尤其長篇歌行不同凡響，不過，因其低調默然的人格特質，成了佛教史上的遺珠之憾。

傘居大師顓愚觀衡••••

大道寥寥，孰可繼兮？我有斯志，力不稱兮。
大聖威光，來照我兮。加我色心，越海嶽兮。
超邁有無，淨水月兮。大開爐冶，鎔六合兮。
惡用鉗錘，鍛凡聖兮。弄丸往復，無知識兮。

——顓愚觀衡〈述志〉

明清佛教史上，有個人物曾經接引興復南山律宗的見月讀體，同時對原本聲名潛晦的蕅益智旭投以關愛的眼神，讓蕅益智旭終身感念在心，識英雄於草莽之中，足見其眼力過人，非常流所能及。多方門流，萃於一身。禪教淨律，無不精熟，聲價不同凡響。晚明佛教復興的風潮當中，傘居大師顓愚觀衡推波助瀾之功似亦應當記上一筆，可惜的是當世學者幾乎無人道及。

童貞入道　中毒瀕死

顓愚觀衡，俗姓趙，河北霸州人。生於萬曆七年（一五七九年），據說出生之際，母親恍惚之間，彷彿見到白衣大士抱了一個小孩送入懷中。十二歲已有出家之心；十四歲不顧家人反對，棄俗出家；十八歲投入五台山月川鎮澄門下，備受師長器重，數年間《華嚴經》、《法華經》、《楞嚴經》諸大部經論無不精熟。

其後，顓愚觀衡雲水南詢，遍參善知識，雪浪洪恩、雲棲袾宏皆曾親見。後獨坐天台習靜，時高明無盡大師（即幽溪傳燈）見其氣宇不同俗流，竟然長談徹夜不覺。某夜於廬山經行，驀地漆桶脫落，廓然大悟，最後一意師事憨山德清，並承襲衣缽。

顓愚觀衡在三十三歲時，曾誤食草烏，中毒瀕死，後調養數年，倖免一死。月川鎮澄大師曾遣人相迎繼主五台山獅子窟寺，推疾不往。三十八歲時，開法邵陵，取名「五台庵」，以示不忘本山之意；後嘗主持江西雲居山真如禪寺。順治三年（一六四六年），於金陵紫竹林寺圓寂，著有《楞嚴金剛四依解》與《紫竹林全集》行世。享年六十八歲，僧臘五十四年。

顓愚觀衡生平固然精彩，但觀其生平行止，除與諸大師相識的遭遇之外，其三十三歲中毒瀕死一事堪稱關鍵。自此之後，顓愚觀衡為調養四大之故，只能久滯江南，相較於無法回去的精神原鄉五台山，在某種程度，他勉強也可以算是個「失卻家園的人」。

南來北人　受教大家

檢視明清佛教人物行止，大約可以區分為幾種類型，堅不出山者以無明慧經為代表；漂泊無定者，憨山德清、為霖道霈則常為人所樂道；南人北往，祖心函可（一六一一—一六五九年）打下了遼東禪宗的一片基業；至於北方出身的人士，要在魁碩林立的江南叢林成為備受崇仰的法門龍象絕非易事，顓愚觀衡可以算是其中的佼佼者。除了他自身卓越的資具以外，與其生平九死一生的特殊經歷自然也不無關係，特別是憨山德清第一高足的光環，奠定他在江南佛教叢林備受禮遇的基礎。

顓愚觀衡在晚明佛教界，以傘下趺坐的形象最為人所熟知，稱傘居大師。但此形象與密教的大白傘蓋佛母頗有疊合，筆者以為並非偶然巧合，其與五台山淵源深厚，對密教有所認識不足為奇。顓愚觀衡初受業於月川鎮澄，終其一生，始終對五台山念茲在茲，後從憨山德清開悟。

當時人往往視顓愚觀衡為「憨山國師第一高足」，另一方面，月川鎮澄亦視顓愚觀衡為真正衣缽傳人，寶通系尊其為二十六世祖師。顓愚觀衡在月川鎮澄門下，初以通經為尚（特別是華嚴學），後為習禪南下（這點與憨山德清如出一轍），因療疾調養等種種緣故，久滯南方。綜觀其著作，其禪教合一、綜攝儒佛、融通性相、兼擅詩文，無一不與當時江南佛教叢林風尚相呼應。

長篇歌行　敘法述志

顓愚觀衡於詩最擅長篇歌行，此於僧詩中可謂別具一格。長篇歌行一難在於結構章法，一難在情意幽邈。顓愚觀衡一介南來北人，不為人知的心緒想必所在多有，或許勉強可以解釋其文集當中何以多長篇歌行，特別是〈擬古長詩述志〉一詩，或許是中國文學史上最長的自傳敘事詩。

此詩作於顓愚觀衡四十五歲英年，當是主持五台庵院務之餘，回首前塵若夢，遂有此詩之作。全詩寫其從出家至中毒瀕死之前半生，側重在雲水行腳之見聞及其感受。夾敘夾議，波瀾壯闊，層轉浪翻，寫學道人求法熱誠，極為動人，可惜全詩太長，無法具引，此處只能就其金沙盆開悟一段與讀者分享。其詩云：

曝背為臥具，客至作几席。曬芹補壞衲，事事皆不逆。

石下一小池，水足供朝夕。耽空空作室，嗜寂寂成癖。
沉沉可三載，不棲亦不懌。反疑大聖人，何為空役役。
不覺空為禍，安寂恆自適。一夜踏空行，虛空忽爾釋。
乃見大覺心，土木與瓦石。有生還有滅，有損還有益。
損益非虧盈，生滅無今昔。明明大聖心，何為墮偏僻。
不因此夜行，幾乎成死瘠。知見向空拋，空寂向有擲。
逢場任西東，豈在竿頭噱。

顓愚觀衡年輕雲水江南，名山道場無不遍參。此處寫其居山幽靜的生活，最初是寫物質生活的匱乏，在破屋中享受自在的生活，即便草裡枯葉，亦食之有味。小池之水可供一天之用，幾可視為龍天供養。耽空嗜寂，不無遁入頑空之嫌。此際顓愚觀衡正精進用功，雖然離群索居，安寂遁世，但精神生活十分富足。這樣生活日復一日，驀地大地平沉，意解心開，可謂響寂雙泯，空有兩拋，看破損益，穿透盈虧，早已從二元對立的世界解脫。此詩雖然不同凡響，不過成於顓愚觀衡四十五歲時，至於他生命最後幾年，四處奔波，幾乎沒有一刻安寧日子，又不幸遭逢明清鼎革的巨變，不知內心做何感想？

謙光盛德　慈念虛懷

蹁愚觀衡最為欣賞的後輩蕅益智旭，曾經描述他曰：「得空印大師之教，又得憨山大師之禪，又復匯歸於雲棲大師之淨土。故其開示法語，直捷廣大，似紫柏，應機禪語，輕便圓活，似趙州。」撇開唐朝的趙州和尚不談，在蕅益智旭來看，顓愚觀衡幾乎綜攝前輩諸家之長於一身。誠然，顓愚觀衡於南北教家二大甘露門（雪浪洪恩、月川鎮澄），與萬曆三高僧憨山德清、紫柏真可、雲棲袾宏皆曾親炙，法緣極為殊勝。

從佛教史的角度來看，雖然漢月法藏等人也曾刻意追仿紫柏真可，不過最能體現萬曆諸大師風華的後繼之秀，仍然首推顓愚觀衡。乍看之下，顓愚觀衡似乎缺乏萬曆三高僧推倒一切、旱地行船的氣概，時空條件畢竟不同，其持戒甚為細嚴精審，連憨山德清都自歎弗如。

顓愚觀衡細密謙遜的人格特質，使得他成為佛教思想史上的遺珠之憾，在其他吼聲震天的獅群面前，靜默的雪獅子似乎不易獲得掌聲。但蕅益智旭形容顓愚觀衡：「眼界雖甚高曠，口角不雌黃，謙光盛德，慈念虛懷。」對不在主流脈絡之內的蕅益智旭，憨山國師第一高足顓愚觀衡的關懷，是心角不能忘懷的暖流。

在眾聲喧嘩的晚明佛教界，顓愚觀衡為其他角色炫目燦爛的光芒所遮掩，其深沉的人生智慧與不凡的氣骨又有幾人能及？或許正因他的謙遜沉默，才能同時擔負南北兩地佛教的氣運吧！

覺浪道盛

盡大地是一劇場

明清遺民佛教代言人覺浪道盛・・・・

佛教史上，常有因弟子而貴的老師，例如，人們因日本曹洞宗開山祖師永平道元，而知曉與記得天童如淨，但覺浪道盛除了有出色弟子無可弘智，身為老師的他，是繼萬曆三高僧之後，明清之際佛教叢林最有原創性的理論家，是所謂「名師」出高徒。

欲為英雄豪傑賢聖佛祖，必先降伏自心，然後始能降伏天下。必要作佛聖英豪，則此心自能降伏。

——覺浪道盛〈正決〉

在這個世界上，不只學生費勁地找老師，老師找學生經常也是歷經千辛萬苦。明眼宗師固然難得，透網金鱗更是稀世奇珍。佛家固然也重視年齡、經驗，但更重視根本智慧的開悟與勇猛精進的求道熱誠。佛法「不輕末學，不重久學」，禪家更講「智過於師，方堪傳授」。紹隆佛種、續佛慧命，都需要法門龍象挺身承擔。對禪門中人而言，印可傳法的意義絕不是在相處時間的長短或情誼的濃淡，而是智慧機鋒的融接，以及生命方向的改變。

儒家特別強調「尊師重道」，更希望「得天下英才而育之」，但禪門遠不止於此，禪門中師生情誼的展現，絕不只在於對師長的訓誨無條件地接受，而是強調懷疑的精神、有機的轉化。事實上，「獨立之思想，自由之精神」早見於禪宗祖師拈提問答當中。

食古不化是禪門大忌，不論是經典或祖訓，真正的意義都必須在變化新生中彰顯。

臨濟燒黃檗禪板、香嚴哭溈山拄杖等公案說明在禪宗傳統中，真正的好學生絕非一成不變恪守師說的「擔板漢」。洞山與曹山師徒聯手開創曹洞宗、溈仰宗則發軔於溈山與仰山的機鋒答問。「若全肯，則辜負先師」——真正紹承祖訓師說的方式不是鸚鵡學舌，而應該去蕪存菁，對其進行創造性轉化的藝術加工。「依經解義，三世佛寃」，但同時「離經一字，即同魔說」。中間的微妙，禪門中人體會最深。

明清佛教叢林關於師資傳授的討論，亦十分精彩。佛法傳承應該有教無類還是嚴於揀別，其實各有不同考量，未可一概而論。臨濟宗密雲圓悟是否傳法過於浮濫，就曾經是當時叢林的熱門話題之一。不過若要提到明清佛教師資傳授的傳奇，恐怕還是必須首推覺浪道盛（一五九二——一六五九年）與無可弘智的相遇。

從方以智到無可弘智

無可弘智，俗名方以智，安徽桐城人。字密之，號曼公。方以智出身晚明桐城大族方氏，曾祖方學漸曾入《明儒學案》、祖父方大鎮官江西道御史、父親方孔炤曾官湖廣巡撫，可謂家世顯赫。方以智最早是以考據學先河著稱，《四庫全書總目提要》曾經大力推許方以智在這方面的卓越成就。

然後，中西交流史、科技史的學者發現，方以智與科學史的關係至為密切，又因桐城方家與天主教士頗有往來，方以智一躍而成西方思潮的代言人。大陸學界曾經一度將科學與唯物思想相結合，方以智襲自其師覺浪道盛「尊火為宗論」的說法，莫名其妙地成為唯物哲學的象徵。

此外，我們也不能忘記方以智曾名列明末四公子之一，他與余懷、侯方域終生友情不渝，在秦淮河畔香粉流連，《板橋雜記》中也曾登場軋上一腳。方以智從早年開始，以能詩擅畫之名早就享譽文壇。大陸方面以方以智為主角的歷史小說也已有數種行諸海內外。

就此觀之，方以智早就超越一個考據學者的格局，集詩人、畫家、忠臣、孝子、高僧、大儒於一身。一身體現了明清之際文化、思潮、學術的潮流與走向，並開啟了一個新的方向。若在太平盛世，方以智的人生大概也跟歷史上的名公鉅儒，例如蘇東坡（一〇三七－一一〇一年）、紀曉嵐（一七二四－一八〇五年）等沒有兩樣吧！但方以智的人生由於遭逢歷史的重大變局——明清鼎革，在特殊的機緣，方以智只好選擇出家為僧。史料記載清軍將領強迫方以智出家經過曰：

大兵入，（馬蛟麟）知其為粵臣，物色得之，令曰：「易服則生，否則死。袍帽在左，白刃在右，惟自擇。」迺辭左而受右。帥起為之解縛，謝之，聽為僧，遂披緇去。

——李瑤《繹史摭遺》

講白了，就是讓方以智在死和出家之間選一條路走。方以智並沒有選擇慷慨就義，而選擇了出家為僧。順便一提，這位逼迫方以智出家的清軍馬蛟麟，號稱白衣將軍，原為明軍將領，後降清，崇信伊斯蘭教，以穆斯林將軍著稱一時。

夢中一番佛法問答

方以智投身空門之初，不安、驚懼、悔愧等種種心情想必時時縈迴於心。但其閉關天界寺之時，曾得一夢，夢中與其外祖父吳應賓（一五六五—一六三四年）對於佛法一番問答。自見此夢後，方以智從此安著緇衣不動，致力於均通三教，此一夢境幾乎可以說是方以智出家明志的說帖。

方以智的外祖父吳應賓是晚明著名的佛教居士，與憨山德清、紫柏真可都有交往。在方以智的夢境中，外祖父吳應賓與方以智曾談及覺浪道盛的「三子會宗」與「莊子為孔門別傳之孤」等學說。方以智出家後號無可弘智，受法於覺浪道盛，後住持七祖青原山淨居寺與浮山華嚴寺，致力於調和儒釋兩家，親紹曹洞宗壽昌派禪法。

無可弘智固然最初出家動機半出於不得已，然而其最終開堂說法，儒佛兼修，晚年經營青原山，而且持戒精嚴，幾同苦行頭陀。幾乎可以說，決定方以智後半人生方向最重要的人物就是覺浪道盛。覺浪道盛門下雖然也是龍象繞膝，但論聰明駿發或學殖豐瞻，實未有過於無可弘智者。

覺浪道盛門下弟子自以無可弘智最為知名。雖然歷史上多的是因徒而貴的老師，例如，如果不是大名鼎鼎的朱子，誰會記得他的老師李延平呢？如果不是永平道元（日本曹洞宗開山祖師，一二〇〇—一二五三年），誰會記得天童如淨（一一六三—一二二八年）呢？但覺浪道盛的重要性絕非只是無可弘智的老師這麼簡單，他在明清禪林的地位與重要性遠遠不止於此。一言以蔽之，覺浪道盛可以說繼萬曆三高僧之後，明清之際佛教叢林最有原創性的理論家。

明師覺浪道盛

覺浪道盛，俗姓張，福建人，曹洞宗二十八代傳人。嗣法東苑元鏡（一五七七—一六三〇年），為明末清初曹洞宗壽昌派。其門人有無可弘智、笑峰大然（倪嘉慶，一五八九—一六五九年）、觀濤大奇（一六二五—一六七八年）、竺庵大成（一六一〇—一六六六年）、髡殘石谿（約一六一二—一六九二年）等人。生來穎異，幼習舉業。因聞貓墮聲，有省。曾從博山和尚（無異元來）受具，不契。後從東苑元鏡參究，了明大事，東苑元鏡親付曹洞宗壽昌派源流。並隨東苑元鏡禮壽昌老人（無明慧經），親蒙印可。之後，荷擔大法，當仁不讓。歷住湖北麻城寶筏寺、江西建昌府壽昌寺、浮山寺、廬山圓通寺、福建鼓山湧泉寺、江寧靈谷寺、大報恩寺等。

在明清之際的叢林，覺浪道盛「聲名洋溢，無間華夷」、一時為「江南三寶」[1]的代稱。明清之際的佛教叢林，覺浪道盛講「劇場禪」、「怨的禪法」、「尊火為宗論」、「三子會宗論」、「大冶紅爐禪」等極為特殊的論述，不但援儒入禪，甚至小說、戲曲亦在引論之列，大幅拓展了佛教文化論述的深度與廣度。持論超邁，皆前人所未發。

晚明清初曹洞宗壽昌派以無明慧經為發端，以無異元來為健將，但若論理論的原創性則首推覺浪道盛與鼓山元賢二人。不過鼓山元賢住持鼓山湧泉寺，與當時文化中心的江浙距離稍遠，而覺浪道盛主要在江南一帶弘法，晚年住持南京天界寺，與文士大夫朝夕往還，其影響更為廣遠無庸置疑。

明清之際有許多傑出的詩僧，覺浪道盛自然也不能免俗，著有一篇〈論詩〉，專門討論詩法與禪法的共通點，但筆者來看，覺浪道盛與眾不同的精彩之處不在傳統的詩禪關係，而在於就小說戲劇加以發揮。例如他曾經以《水滸傳》石秀劫法場為例，說明禪修時的情況。他說：

> 要到生死結交頭上，纔迫得出，亦不是預為扭揑得來者。公看《水滸傳》麼？宋公明命石秀打探楊雄消息，要去劫他回梁山。石秀纔到城，正恐梁山人來劫獄，刻日令先斬之。石秀事急，忽生一智，驀向法場邊高樓上從空跳下，大呼曰：「梁山泊全夥在此！」滿城人各相踐踏，不知誰是人，誰是賊，石秀斬其杻械，攜手直上山去，梁山人見之，大驚，曰：「設使統全夥去，未必容易如此也。」
>
> ——〈示門人自看〉

《水滸傳》首入禪宗公案

這段話大概是《水滸傳》進入中國禪宗公案的第一次。這段話的用意主要在強調禪修過程中，情急生智與死中求活的狀態，其實說穿了也沒有什麼太特別的地方。真正難得的是覺浪道盛竟敢冒當時天下大不諱，引用《水滸傳》來解說佛法。

明代中葉以來，儘管白話小說席捲天下，上從王公貴族，下至販夫走卒，莫不以閱讀小說為樂，但小說仍然是不登大雅之堂的小道末技，衛道之士一再嚴禁，卻始終成效不彰。但相較於詩詞戲曲，小說其實與覺浪道盛的時代更為貼合。儘管當時詩僧遍天下，但提到小說的人卻寥寥無幾。

事實上，從禪學史的角度來看，單憑引用《水滸傳》這點，覺浪道盛就已經留下不可磨滅的歷史地位，說明他過人的眼光與見識，還有不憂不懼的氣概。當然，更可以看出覺浪道盛不凡的理論創造能力。值得注意的是對塑造濟公形象原型最重要的一部小說《醉菩提》，也差不多出現在覺浪道盛的時代。

台上台下皆戲子

小說之外，覺浪道盛也對戲劇格外留心，曾說：「盡大地是一戲場。」雖然「人生如戲，戲如人生」的說法古已有之，但覺浪道盛也能另出機杼，對人生與戲劇的關係說出一番新的道理。他說：

台上戲子，以有為無，故能如佛聖之解悟；台下戲子以無為有，故同眾生之執迷。世人全身是戲，大地是台，而不能如戲子之解悟者，豈非以妄想執著自迷倒哉？使人皆能參透「以有為無」之解悟、「以無為有」之執迷，則台上台下，皆相忘於大化之鄉，豈不為世、出世間之真奇特乎？

——〈參同說〉

「台上戲子」、「台下戲子」的說法，既回到佛教傳統中「佛與眾生、等無差別」的基調，並且說明所謂解悟乃是「以有為無」——世間種種並無實相可得，若是執著於「以無為有」——乃是淹沒在起伏洶湧的現象世界之中，錯認種種感官、知覺為真實，同時陷溺於富貴權勢的追求，以為此係亙久常存的幸福。舞台上的演員由於清楚地認識戲劇扮演過程中的虛妄本質，所以能超乎其上，不為世間諸相所囿，進而通過戲劇的呈現，令觀眾領悟「一切皆假」的實相，一個夠格的演員也同時必須擁有豐富的人生經驗以及智慧。

「台上戲子」與「台下戲子」的判分，可以得知任何一個生命個體都具有成為主角的潛能與質素，如此一來，有時是主角，有時是觀眾，上台下台也隨時都有可能發生。透過戲劇的觀賞與體證，對人生真諦才能有更深入的認識，演員的演出與觀眾心靈的感動，同為一個成功舞台所不可或缺的光景。

入火不燒入水不濕

人生不過就是一場表演，上台既要精彩，下台的身影也要耐人尋味。國變初期，覺浪道盛曾因故身繫新朝囹圄。但是「禁之無慍，釋之無喜」——幾乎到達「入火不燒，入水不濕」的境界，其神色自若連新朝的官員都佩服不已，覺浪道盛充分彰顯了一個解脫聖者的膽識與定力，可謂恰如其分地演出一個真正修行人的角色。

但覺浪道盛面對殘山剩水、神州陸沉，卻始終沒有絲毫的末劫意識，對於既陌生又殘破的世界，覺浪道盛的思想重點在於，面對殘破的外在世界與社會秩序時，如何成就身心，聯繫理想與工夫之間，精彩之處頗能發前人所未到。在這個意義上，覺浪道盛又成功扮演著一個永不放棄希望的志士。他說：

欲為英雄豪傑賢聖佛祖，必先降伏自心，然後始能降伏天下。必要作佛聖英豪，則此心自能降伏。世界是個洪爐，人人都被世界磨壞。是個漢，始被世界磨成。造化必奪英雄之志，始能化英雄；英雄必奪造化之權，始能雄造化。若能為千古傷心之人，則能作萬世快心之事。

——〈正決〉

覺浪道盛曾經將這段說法，化約為「真有骨性人，被世界磨成；真無骨性人，被世界磨滅」，一再引述，此一說法在當時引起廣大的回響。這段話包含了工夫次第，也說明了「個體／整體」的關係，對於主客觀環境既衝突又調和的層面有深刻的體會。當然，這樣的說法也極易令人想起孟子「天將降大任於斯人」或韓愈「文窮而後工」的傳統。但覺浪道盛這裡的說法更多地強調「英雄／世界」兩者辯證關係，卻也不忘淬勵那堅持理想的意志與勇氣。覺浪道盛絕不輕言放棄希望的堅持；也始終相信，考驗與試煉都是為了成就生命的神聖以及完美，所不可或缺的歷程。

會通三教集大成

學界經常用「集大成」三字，來概括覺浪道盛的思想特色。說明覺浪道盛對於晚明以來禪林內部高漲的門戶之見，特別是密雲圓悟一脈屢屢以臨濟正宗高自標置的作法不以為然。

覺浪道盛不僅要會通禪宗內部的五家七宗、會通禪、教，更要會通儒、道、佛三教。雖然晚明的知識圈中，「三教會通」或「參同儒釋」蔚然成風，例如蕅益智旭註解《周易》與《四書》至今依然廣為流傳，覺浪道盛不過依循流風之一人，本無足怪。但覺浪道盛自己說其會通三教的目的在於「於刀兵水火中求大傷心人，窮盡一切，超而隨之，乃集大成」——也就是在最艱難的時局中，匯聚一切知識傳統，再重新用佛門的悲心深願加以熔鑄改造，以便應付全新的世界，不僅止於知識上的會通而已，而有一種更為深沉的情懷寄託其中。

在「集大成」的基礎上，覺浪道盛發展「孔子託孤於莊子」（簡稱「莊子託孤」）的說法。覺浪道盛先說莊子繼承孔子的真血脈，又說莊子即是達摩東來以前之禪。如此一來，繼承儒家一滴骨血的真正傳人，即是莊子，即在宗門。用當時的話來說，即「儒家的骨，反在宗門」他說：

夫六經之宗旨全主於實理、實事、實功、實用，而莊子則多主於虛理、虛事、虛功、虛用，而究其指歸皆有濟于實義也，以故莊生之所以不經而冠於百氏之上，以能自創而不襲人，即多引成語，皆出匠心獨紗，而古人成語即自己語也。其豎義設喻，絕世所無，而至理有所不加。此時佛法禪宗尚未來東土而莊子先為之破天荒，文具眾體，奇出無端，排山蕩海，出鬼入神，其才力、膽識、手眼、作略大似諸祖之機鋒棒喝，以毒攻毒、以楔出楔，能使人立地死心汗下，絕後重甦，誠震旦國之第一種奇書。

——〈提《莊子》內七篇〉

這段話文義清楚，可以不用多做說明。可以看出，覺浪道盛認為莊生之所以是儒家真血脈的關鍵，正在於活讀活用。莊子正是禪法的祖先，與達摩東來有異曲同工之妙。莊子為禪門先祖，紹承孔子心法，莊子正是儒家的教外別傳。換句話說，透過莊子，運用類似宗門的種種機鋒棒喝等奇特手段，儒門心法真正血脈才有了依託。覺浪道盛此種說法雖然仁智互見，但等於為當時不得已託身空門的儒生士人，找到一個安身立命的理論基礎。這也就是為什麼在天崩地解的明清之際，覺浪道盛門下能吸引眾多穎異士人依止棲遲的重要原因。

師徒聯手打造貫通儒佛的禪法

每個人入道機緣各自不同，像無可弘智出家雖半出於不得已，但畢竟在宗門留下深刻的思想與生活印記，而且出家以後對於佛法有了不同的認識與體會，大闡會通三教的禪法，對於佛法的興復還是貢獻卓著。更重要還要有像覺浪道盛的高手，身懷集大成的知識學養與論述才能，方使這位曾經目空四海、學貫中西的大才子、大學者傾心歸服。對覺浪道盛而言，無可弘智也是弘揚其「集大成」禪法思想的不二人選。覺浪道盛與無可弘智師徒等人聯手打造了一種特殊型態的禪法，貫通儒佛、融攝一切世間法與出世間法，強調忠孝節義，在佛法洪爐中化傷心為悲心，轉識成智，甚至小說戲曲也成為體悟人生真理的絕佳契機，在禪學思想史上可謂獨樹一格。

明末清初的時局，正是天翻地覆、神州陸沉的時節，用現代語言來說，正是價值觀崩解轉換的時代。正因為有覺浪道盛等叢林尊宿，無可弘智等人的身心方有依託，進而對傳統進行創造性轉化，賦與傳統新的生命與內涵。對禪門行者而言，丈夫自有沖天志，踏破如來頂上行，儒佛之辨實在微不足道。重要的是在風雨如晦的時節，如何堅持理想與熱情，認清真正的自己，以及今後歸去的方向。

1　錢澄之（一六一二－一六九三年）詩作〈天界紀事〉第三首有「南國尊三寶」之句，自註：「江南以藏經、長干塔及杖人為『三寶』，城南賴以不燬。」其中「杖人」為覺浪道盛的別號。

木陳道忞

好捏人痛處，專犯人忌諱

禪門怪傑木陳道忞

木陳道忞因為脾氣執拗，好踩人痛處，加上政治立場前後不一，不見諒於勝國遺民，但從佛教史的角度看，其作品《北遊集》對當時諸山尊宿個人特質，以及叢林風氣第一手的描述，可補史料之闕，也讓人更清楚明清交替的教界動態。

爛研巴豆顆三千，瀉卻諸方禪五味。
好捏人痛處，專犯人忌諱。
——木陳道忞〈自贊〉

雖然大多數的人都不喜歡木陳道忞，但他在明清佛教的思想版圖，仍是不可或缺的一塊。如果少了木陳道忞，明清佛教史勢必失色不少。

木陳道忞兩住禪門巨剎天童寺，親事密雲圓悟十四年之久，可謂出身名門正派，又曾經親炙無念深有（一五四四—一六二七年）、雪嶠圓信等叢林尊宿參究大事，著作恢弘繁富，久在文化中心的江南繁華之地，與士大夫交好，詩文素養堪稱第一流，言行動見觀瞻，如果在天下承平之時，木陳道忞無疑具有領導法門氣運的潛能，成為一方重鎮，可惜在天崩地解的明清之際，雖然享有新朝皇帝封賜的尊榮，但聲名昭彰，也算是佛教史上的一大異數。

木陳道忞，俗姓林，號山翁。廣東潮州府潮州人。早歲習儒，讀《目蓮傳》有省，遂往廬山開先寺出家，一度還俗，後再出家，從憨山德清受具足戒，歷參具足明有（湛然圓澄禪師法嗣）、雪嶠圓信；後謁密雲圓悟，從其依止十四年，且長掌記室[1]。順治十六年（一六五九年）應詔入內說法；隔年還山，賜號「弘覺禪師」；康熙十三年（一六七四年）圓寂。

天子國師　聲名昭彰

佛教史上不乏向權力靠攏的「紫衣國師」[2]，原本無足為奇，如果木陳道忞只是單純倒向新朝，倒還可以說是理念立場的不同，問題在於滿清入關之初，他原先與勝國遺民士人站在一起，以詩文悼念故國，特別是將崇禎的詩文編成《新蒲綠》一書，不但加以題詠，還廣徵唱和，又曾赴普陀山（當時是抗清勢力的根據地）說法，甚至被清軍拘繫獄中，儼然是佛門遺民代言人。

不料，木陳道忞因京中舊友憨璞性聰[3]的推薦，奉敕入京，備極榮寵，一轉而為新朝國師，甚至出版《從周錄》，與清廷一鼻孔出氣，強調清廷統治的正當性，屢以帝師自居，時人諷刺木陳道忞「胸中只有『國師大和尚』五字」，不僅是厭惡其勢焰熏天的醜態，更是對其背叛原先理想的遺憾與不齒。

當時與木陳道忞遭遇最為相近者首推玉琳通琇（一六一四—一六七五年），清世祖順治帝對玉琳通琇顯然更為親近，遠非木陳道忞可比。而且玉琳通琇的入京與還山，都十分低調，不像他大作文章。是以玉琳通琇雖然也是新朝國師，但江南士人仍不深以為意，畢竟在天崩地裂的大時代，玉琳通琇的作為已屬不易。但木陳道忞不但持此驕人，又著書宣傳，唯恐天下不知。清廷拉攏禪林的目的之一，在於籠絡當時勝國遺民士人，當時人盡皆知，他的作為正中清廷下懷，對江南遺老來說，此舉不啻親痛仇快，從冷淡疏離到惡言相向，可謂意料中事。

是以木陳道忞雖貴為天子國師，但卻幾乎變成一個笑話。不僅勝國遺民不齒其為人，清朝雍正皇帝亦極厭惡他，稱之為「宗門罪人」，下令禁止流傳其著作。相對於玉琳通琇，他可謂兩面不討好，兩者政治智慧高下不言可喻。

叢林軼事　珍貴史料

時移勢轉，今日人們不必再拘泥於民族之防，木陳道忞的道德操守與政治立場有其個人考量，政治立場不該是人格評價的基準，此理至明。更何況，資料的不完整往往導致錯誤判斷，例如今釋澹歸（一六一四－一六八〇年）在嶺南護持無可弘智的義舉，當時江南士人對此茫然無知，仍然一意詆毀不遺餘力。

因此，木陳道忞的歷史評價似乎有必要重新檢討，不能受限於當時掌握話語權的儒者既定的價值觀念。從歷史的角度看，當年木陳道忞炫耀聖眷天寵的一些紀錄，令當時志節之士作嘔的文字，如今視來，都是珍貴的史料，特別是《北遊集》一書，是其與順治皇帝的問答紀錄。

《北遊集》今被收入《嘉興藏》第二十六冊，至為易見。由於過去列入禁書目錄，此書不易得見。木陳道忞之所以寫作《北遊集》的用意，或許是藉此機會，令外界一窺滿清宮廷內部的情形，以及新朝天子的喜好，其實是甘冒大不諱的高度冒險行為，木陳道忞當然不無炫耀之意，但用心恐非如此單純。

從《北遊集》一書，我們得知順治皇帝為了營繕明思宗崇禎皇帝的陵墓盡心竭力、跟著崇禎皇帝近侍大太監曹化淳學習華語、常服天王補心丹等種種細節。此外，兩人對當時江南溺女之風、滿州風土習尚，甚至當時流行的戲曲小說，也有詳細的討論。

從佛教史的角度看，《北遊集》最重要的部分就是從木陳道忞的視角，對當時諸山尊宿個人特質與叢林風氣有第一手的描述。例如順治皇帝鑄景山大佛、賜關帝像與天童寺等軼事概不見於他書。兩人對密雲圓悟、雪嶠圓信、漢月法藏、覺浪道盛等人的談論生動有趣，頗可補史料之闕。

拶定言鋒　歷史公斷

木陳道忞早歲習儒，出家最初受業於明清詩僧翹楚雪浪洪恩門下健將若昧智明[4]；依止密雲圓悟時，根據其自撰年譜，其師竟然要求他精進文字工夫，如此一來，其以筆下工夫自矜自豪乃理所當然。語錄、文集隨處可見新朝天子，撇開那些近乎諂媚的作品不說，木陳道忞之詩情感奔放，在僧詩中別成一格，另有一番趣味。例如這首悼念雪嶠圓信之作，其曰：

風流雅足厭當時，氣岸孤騫老不衰。
只有罵人三寸舌，曾無諂佛兩行眉。
山川澹蕩緣清嘯，艸木蕤葟為解頤。
七眾同瞻波利樹，凋零何止五天悲。
——〈哭雲門雪大師〉

順治帝是雪嶠圓信的超級粉絲，雪嶠圓信住持開先寺時，木陳道忞曾為其西堂5。雪嶠圓信向來不收傳人，是以推薦木陳道忞入密雲圓悟門下。木陳道忞與雪嶠圓信的親密交誼，或許是其奉詔入京的原因之一也未可知。

綜觀木陳道忞的師長無念深有、雪嶠圓信、密雲圓悟，皆以善罵諸方出名，熏習所染，他也不讓前輩專美於前，前半雖是實寫其人，亦託以自喻。波利樹香聞千里，此處用以喻雪嶠圓信已成傳奇，結尾寫自己悲痛逾恆的傷懷之情。

這首詩頗有人間徘徊的情味。雖是懷人之作，但此詩無修道人的超曠，抒懷過於明白，與僧詩強調超然的境界略不同調，木陳道忞刻意作奇的性格顯露無遺，以下這段〈自贊〉倒是頗能寫其精神。其曰：

> 拶定言鋒，裒落情謂，爛研巴豆顆三千，瀉卻諸方禪五味。好捏人痛處，專犯人忌諱。故大不理夫人之口，而橫罹乎謗誹，甚而告之同門，鳴之官司而尤未也。災諸木，揭諸途，而惡聲四暨焉，乃項強過尤拗驢，毛攢故如刺蝟。曾不足以摧其英風，挫其銳氣，始之汐沸而潮翻者，終亦雲蒸而霞蔚。猗與休哉，立天下之大本者，其惟至誠乎。於乎！噫歔！任重而道遠，故士不可以不弘毅也。

這段話說得十分拗口，大意是說木陳道忞強調自己的一味禪法，勝過諸方五味禪。其中的同門紛爭，當指其（繼承密雲圓悟）與漢月法藏門人的論爭，末尾強調自己以道自任的使命。重要的是，他分析自己的個性「好捏人痛處，專犯人忌諱」，而且脾氣執拗，較毛驢與刺蝟猶有過之，顯然他不斷在挑戰價值規範的極則。

木陳道忞自信未來必將雨過天青，歷史將會還其公正的評價，看來他對自己過於自信，他的牛脾氣與使命感主因仍為弘揚佛法，但最可惜的是，他不能掌握權力滋味的微妙界線，遂使自己身敗名裂。權力，既是尊貴的象徵，也是墮落的標誌，其間微妙，繫乎一心。木陳道忞是絕佳的警惕，能不慎乎？

1 官名，東漢時設置，掌章表書記文檄。後世沿襲之，或稱記室督、記室參軍等。另外，也作祕書的代稱。

2 「國師」是歷代封建帝王對佛教學德兼備的高僧所給予的稱號，帝王常賜紫衣，以表尊榮。

3 憨璞性聰（一六一〇—一六六六年），俗姓連，福建延平順昌人，順治帝賜號「明覺」。十五歲於天王寺出家，三年後剃髮。曾參禪於武林山（浙江省）默淵、永覺元賢等，又詣紹興府（浙江省）東山爾密明澓（一五九〇—一六四二年），後得溫州（浙江省）魚潭之印可，其後得法於杭州（浙江省）太平寺百癡行元（一六一一—

一六六二年）。

4 若昧智明（一五六九—一六三一年）在東隱庵出家，避居京口銀山庵，聽雪浪洪恩講《楞嚴》，隨其至金陵。遍走越、燕，訪問禪律，聞見既博，息影匡廬古黃岩十年。應請出世，自襄南，經秣陵，間或荊或吳或甌越，說法三十年。圓寂後，得度弟子天童道忞（即木陳道忞）撰行狀。

5 西堂與首座、後堂和堂主並列四大班首。叢林中，東為主位，西為賓位。西堂主要是輔助住持教導僧眾修行、宣講開示，兼以禮待賓，故稱西堂首座，簡稱西堂。

棒風喝月走煙雲

明末女禪旗手祇園行剛

晚明清初是女性大顯身手的時代，能詩擅畫的才媛輩出，
被視為「末山再來」的祇園行剛，
除了痛熱的禪風之外，詩文書畫的造詣亦不讓鬚眉，
更建立伏獅禪院，開啟了江南女性出家習禪之風，
成為眾多女性學禪學佛的典範。

茅舍風高孰敢親，棒風喝月走煙雲。儼然寶鉢虛空托，淡飯黃虀自現成。

——祇園行剛〈孟夏關中閒詠〉

中國禪宗史的特色之一，就是女性的活躍。為數雖然不多，但本領高強，往往在公案中扮演著高人異士的角色，對專心修練的禪師給予當頭棒喝，或展示一個更高深莫測的境界。武俠小說大抵有一個定律：凡貌不驚人的婦老病殘，都懷有一身高強本領卻深藏不露，往往關鍵時刻的致命一擊，精準地擊中要害，這個定律也適用於禪宗史。

著名的龐蘊居士雖然與馬祖道一（七〇九—七八八年，或六八八—七六三年）往來無間，沒想到他的夫人與女兒禪境更高；馬祖道一的弟子鄧隱峰（史載為唐元和〔八〇六—八二〇〕年間去世，生年不詳）一輩子遊戲神通，捨報圓寂時刻意作奇，單手倒立，衣服還貼緊身體，紋風不動。直到他的妹妹把這個調皮搗蛋的兄長痛罵一頓之後，鄧隱峰立刻就躺臥如常人。還有明初著名的黑衣宰相姚廣孝（法名獨庵道衍，一三三五—一四一八年），雖然貴為國師，可謂一人之下，萬人之上，但當他的姊姊痛斥他變節不忠時，他也只能默默無言。從這些例子不難看出，女性是維護倫常與秩序的重要力量。

末山了然　降灌溪閑

在禪宗史上，末山尼是女性敏銳機鋒的代名詞，末山了然禪師（唐代女尼，生卒年不詳）降服灌溪志閑（？—八九五年）的公案，具有標誌性的重大意義，《五燈會元》等禪籍皆錄有此則公案，足見入人之深，彼此文字出入不大，於此，不妨依文解義，重新品味此一有趣公案。

話說唐代灌溪志閑和尚，出身華冑世家，出家以後，為臨濟義玄禪師（？—八六六或八六七年）高足，一向眼高於頂。某日散步到末山九峰，見此地風光明媚，不忍離去，聽說此間住持是個修為高深的女法師，心底有點不服氣，決心與之一鬥機鋒。於是穿門踏戶，毫不客氣地說：「若相當即住，不然即推倒禪床。」（如果是大善知識，才有資格住持此山；如果修為不夠，就別怪我不客氣，把住持推下去。）說完就直接進入廳堂之內。

末山尼了然禪師聽到光天化日之下竟然有人不識好歹，前來踢館挑戰，倒是氣定神閑，先遣侍者問灌溪志閑：「上座是為遊山來？為佛法來？」

灌溪志閑曰：「為佛法來。」（末山尼先聲奪人，灌溪志閑氣已先弱了一半。）

既然是為佛法而來，那麼一切照規矩來。

於是末山尼陞座，灌溪志閑上參。

末山尼問：「上座今日離何處？」（閣下從哪裡來？此句看似尋常，暗含閣下搞不清楚狀況之意。）

灌溪志閑答：「路口。」（如此一答已失卻主人翁。）

師曰：「何不蓋卻？」（為什麼自己不能走出自己的道路？）

溪無對，始禮拜。到這裡，灌溪志閑被問得啞口無言，只好照規矩禮拜末山了然禪師。

以上只是序幕，不過灌溪和尚尚未完全心服，畢竟這是人家的地盤。現在換他主動出擊了。

問道：「如何是末山？」末山境界是什麼？這也是尋常的問題。看來灌溪志閑是在等第三手起板扣殺。

沒想到末山尼師曰：「不露頂。」（境界高深莫測，非汝能知。）

這個回答劇力萬鈞，已先立足不敗之地。灌溪志閑並未正面接招，而是抱定主意，自顧自問：「如何是末山主？」

雖然曹洞宗講賓主，不過此處未明言的卻是閣下到底有什麼德行本領，可以住持此山？末山尼立刻回答：「非男女相。」《金剛經》明白地說：「無我相、人相、眾生相、壽者相。」末山尼之意為我已超越男女的差別相，你卻「以色相求我」，「是人行邪道，不能見如來」。

不意灌溪志閑大喝一聲：「何不變去！」（如果真有這個本領，不妨拿出來看看）面對這個突如其來的巨吼，末山尼一點也不慌張，緩緩地說：「不是神，不是鬼，變個什麼？」（足下已墮入三惡趣，還敢這麼囂張。）說到這裡，灌溪志閑完全心服，只好乖乖棄械投降，乖乖在末山尼座下充當園頭，種菜三年。日後，灌溪志閑明白地說：「於臨濟得半杓，於末山得半杓。」也就是說，在灌溪志閑心目中，末山了然與臨濟義玄完全可以等量齊觀，其境界與氣度確非凡流所能及。

末山再來　習禪開法

據說末山尼座下「常繞萬指」，也就是依止於其門下修行者常在千人上下，與唐宋諸大禪師相較毫不遜色。由於種種現實因素的限制，晚明清初的女性禪師雖然不若末山尼一般門庭鼎盛，但真參實證者尚不乏人，其中首推祇園行剛（一五九七—一六五四年）。

晚明清初是女性大顯身手的時代，能詩擅畫的才媛輩出不說。縱橫沙場、南征北討的女英雄也是大有其人。在祇園行剛之前，當然也有女禪師嗣法的記載，但祇園行剛建立伏獅禪院，開啟了江南女性出家習禪之風，與江南世族多所往來，其影響力極為深遠，同時代人往往視之為「末山再來」。

祇園行剛，俗姓胡，嘉興人，嘗許配諸生常公振，婚後不久，丈夫即謝世，然其奉養公婆至孝，自幼禮佛念佛以為常。二十六歲時捨俗出家，曾經參禮密雲圓悟，於密雲圓悟座下弟子石車通乘（一五九三—一六三八年）下開悟嗣法，承臨濟法脈。五十一歲開法嘉興祇園，後改名伏獅禪院，是當時禪門女性行者的重要根據地，五十八歲坐化圓寂，嗣法弟子有義公超珂（一六一五—一六六一年）、一揆超琛（一六二五—一六七九年）等七人。

綜觀祇園行剛的生平經歷，最足稱道者當屬親承密雲圓悟一派法系源流，並修建伏獅禪院成為一座規模宏整的道場，其於法門大有功也。祇園行剛與其周圍諸人的社會屬性皆有濃重的士大夫傾向。傳統上，女性學佛以念佛歸淨為主（這只是就大致的傾向來說，當然不可一概而論），祇園行剛習禪開法，如實反映了晚明士林風尚。

詩詞閑詠　文字說禪

另一方面，當時的女性禪師多在臨濟宗下，包括天隱圓修的磬山派、密雲圓悟的金粟派、漢月法藏的三峰派，除了痛熱的禪風之外，詩文書畫的造詣亦不讓鬚眉，也帶有文字禪的氣味。祇園行剛以〈孟夏關中閑詠〉此組詩之第二首，蒙清初大批評家朱彝尊1青眼，選入詩話當中，其境界與修辭俱非草草可致。詩云：

諸老門庭家業盛，自知疏拙隱為安。玄機棒喝都休歇，萬法虛融莫問禪。
百結鶉衣倒掛肩，飢來喫飯倦時眠。蒲團穩坐渾忘世，一任窗前日月遷。
高臥雲嶒寄幻軀，白雲翠竹兩依依。眼前幻境隨遷變，深掩柴扉樂有餘。
茅舍風高孰敢親，棒風喝月走煙雲。儼然寶缽虛空托，淡飯黃虀自現成。

祇園行剛在開法之前，曾經閉關蟄伏數年，此詩當作於是時，至少是寫當時心情。此詩文意明白曉暢，但結構完整，不該割裂。此詩寫的是從開悟到住世的抱負與情懷，當然也有不安與期待。起始寫禪林現狀，不同的家數各有勝場，還是遯世避塵為上。第一首看似放懷，實則深藏不安之情。二、三首主要寫居山之樂，第二首寫作者自身作為，第三首寫眼前境界，兩首強調儘管外界變遷不居，我心自足不變，任運自然，不過這只是自了漢一路，真佛子須以續佛慧命為念，不能陷溺山水煙霞，此「棒風喝月走煙雲」為第四首之眼目。但我不攀外緣，粗茶淡飯足矣，英靈衲子當以禪悅為樂。

此詩可以看出祇園行剛在避世隱遯與弘法利生兩者之間的衝突與掙扎，而這幾乎也是禪門宗匠共通的心情。另一方面，也寫出一個女性禪師內心種種紛雜的心情，此詩充滿山林野趣的意象，讀者容易忽略深層的不安與抱負。即使如此，祇園行剛還是走入人群，成為眾多女性學禪學佛的典範，過程充滿艱辛，背後多少苦心慘澹，他們尋得安頓身心性命的法門，而明清的佛教也因為他們的付出與成就，散發出不同的光輝。

---

1 朱彝尊（一六二九—一七〇九年），字錫鬯，號竹坨，明末清初浙江嘉興人。博通經史，擅長詩詞，為浙西詞派的創始者，又精於金石考證之學。

見月讀體

道宣律祖乘願再來

南山律宗中興見月讀體

被視為道宣律師再來的見月讀體，
先學華嚴，最後卻成為晚明以來佛教戒律復興集大成者，
其對戒律的發揚與闡釋，對中國佛教的影響力不下明末四大師。
見月讀體雖然不以文筆鳴世，
讀過其自傳《一夢漫言》的人莫不動容，
持律甚嚴的弘一法師就曾因讀此書，
「含淚流涕者數十次」。

一夢南來數十秋，艱危歷盡事方休。爾今問我南遊跡，仍把夢中境界酬。

——見月讀體《一夢漫言・結語偈》

佛滅度後，佛弟子以戒為師。

這種講法看似天經地義。但不知是偶然還是必然？晚明戒律復興的領導人竟然都與「一味輕忽」的雪浪洪恩有關。

嘉靖中，大報恩寺塔毀於大火，募修興復之擔，幾乎全由雪浪洪恩一人一肩扛起。在大報恩寺塔落成之際，塔尖金頂卻無法順利安座，此際古心如馨（一五四一—一六一五年）出現，雪浪洪恩方記起前夕夢中，菩薩曾經告訴他塔頂安座須由優波離尊者再來為之，自此之後，古心如馨為優波離尊者再來的事實，充分獲得江南叢林的肯定與承認，但換個角度看，肯定古心如馨的神聖性根源即是雪浪洪恩。

古心如馨弟子三昧寂光（一五八〇—一六四五年），持戒精嚴，亦為一時人望所歸，最初亦跟隨雪浪洪恩學習賢首教觀。而中興南山律宗的見月讀體，與雪浪洪恩的再傳弟子蒼雪讀徹晚年形同莫逆，往來無間。晚明佛教義學中心在華嚴，即令持戒最為端嚴的雲棲袾宏、三昧寂光、見月讀體，於華嚴教觀皆不得草草放過。

誓願興復南山律宗

見月讀體，滇南楚雄人，俗姓許。其先人原為江南句容人，隨明軍征滇，後遂落籍雲南。原為黃冠道士，後因讀《華嚴經》的〈世主妙嚴品〉有省，棄道入佛。出家伊始，華嚴學南方系雪浪洪恩一系的大名經常如雷貫耳，也曾參禮過五台山以及顓愚觀衡，種種跡象都說明，華嚴學對見月讀體生命的形塑有積極的作用。不過，見月讀體在賢首教觀未有深刻建樹，而是在佛法最根本的戒律留下深刻足跡，號稱中興南山律宗。他的《傳戒正範》，至今仍然是佛教界在傳法授戒時的重要參考資料。

見月讀體是明末清初律宗千華派的中心人物，一生的心事都是寄託在戒律的發揚與闡釋，綜觀其著作目錄便可一目了然，不需多言。在見月讀體的戮力經營之下，寶華山隆昌寺成為律宗第一山、天下第一戒壇，時至今日，仍然具有舉足輕重的地位。

在文獻不全的情況之下，見月讀體又重新確立了清代以降佛教戒律的基本準繩，儘管晚明以來，眾多法門龍象對於整理戒律付出許多真誠的努力，但見月讀體重新確立了南山四分律的權威，並就結界安居、布薩，將禪、教、律融合無間，並就律學文獻加以整理出版，稱其為晚明以來佛教戒律復興的集大成者絕對當之無愧。從這個意義上來說，見月讀體對中國佛教的影響力絕對不在四大師（憨山德清、紫柏真可、雲棲袾宏、蕅益智旭）之下，甚至可以說有過之而無不及。

一部動人的自傳

見月讀體為一代律學宗匠殆無可疑，不過，見月讀體的著作中，流傳最廣的卻是其生平行腳、求道、弘法的自傳——《一夢漫言》，由於民國高僧弘一大師說在讀《一夢漫言》時，曾經「含淚流涕者數十次」，又在各種場合公開宣揚《一夢漫言》，此書遂廣為人知。

《一夢漫言》固然沒有華麗的詞藻，但其文中可以看出見月讀體在明清之際的大時代中，求法熱誠與堅固道心，其躍動的生命智慧與為法忘軀的熱情，委實感人至深，筆者以為，《一夢漫言》是中國文學史上最為動人的自傳作品之一。見月讀體雖然不以文筆鳴世，其自傳作品《一夢漫言》卻十分深入人心。

《一夢漫言》敘及見月讀體的人生經歷，特別集中於二十五歲至五十四歲，約三十年左右的出家生活，大概可以分成三個階段。第一個階段是早年出家行腳學道；第二階段是追隨三昧寂光學律弘道時期；第三階段是歷經天崩地解的明清鼎革時期，見月如何慘澹經營寶華山隆昌寺道場。

傘下話別嘗苦瓜

從《一夢漫言》來言，見月讀體出家之際，雲水行腳遍及大江南北，除了遍參善知識之外，敘及各地風氣，亦頗有史料價值，例如談及雲南府麗江府土官篤信三寶「若聞有善知識及法至鶴慶府，即遣使迎入」，言及與顓愚大師傘下話別一景，亦甚感人。

> 道場圓滿，自如法師率眾詣五台禮謝，正值大師跏趺傘下，所以別號傘居道人。自法師禮謝還寺，留余傘下賜飯一餐。其蔬是苦瓜一盤，大師先吃，呼余喫之，其味入口甚苦，不能咽，復不敢吐。大師微笑，謂余云：「先苦後甜，修行作善知識亦爾。」余禮謝其開示。
>
> ——《一夢漫言．卷上》

顓愚觀衡，俗姓趙，在五台山出家，依止月川鎮澄，後隨憨山德清至江南，行腳天台南嶽，後中毒不死，遂留寶慶府五台庵弘法。顓愚觀衡同時受法於月川鎮澄與憨山德清，在當時叢林望重一時。顓愚觀衡與見月讀體傘下共食苦瓜，諄諄教誨的情景想必也讓見月讀體吟味良久吧！

在《一夢漫言》當中，對其師三昧寂光的景慕之情歷歷可見。三昧寂光當時南北往來，興復道場二十餘處，諸方望風請法，恐落人後，對於《梵網經》造境深厚，開創律宗千華派。見月讀體長久追隨三昧寂光，深受倚重。

雖然如此，對於三昧寂光偶行方便之處，見月讀體亦不假辭色，嚴厲指出其師舉止違反佛制之處，三昧寂光竟然不動瞋心，喜見月讀體扶樹戒幢，令人想起溈山、仰山，以及洞山、曹山等佛門師徒相互舉揚觸發的典故。「若全肯，則辜負先師」才是佛門中人尊師重道真正的追求與期待。

親身示演般舟三昧

《一夢漫言》中，也可看到見月讀體在明清交替、天下動亂之際，施米濟貧；或與清廷周旋、智退土賊等種種相關的紀錄，對於認識那個時代具有高度的史料價值。不過最重要的，還是見月讀體如何在天地崩解的時刻精進鍛鍊自己身心；見月讀體於順治十年（一六五三年）嘗試修習最為難行的般舟三昧。

> 會一（見月讀體門人）翻《般舟三昧經》，次日白余，謂：「藏中般舟三昧，乃淨業要宗，最屬難行。」余云：「吾昔在北五台，亦聞善知識開導，不坐不臥，惟立九句。後住此山，閱南山道宣律祖行集，宣祖恆修，自後行者稀少。捨得一身，自然行得。」遂擇八月二十日，就方丈效修九句，願踐祖跡，謝事入關，至十一月二十一日出足。于十二年秋復修九句。
>
> ——《一夢漫言．卷下》

般舟三昧是道宣律師的常行功課，見月讀體復親身體驗。經過兩次常立九十天的考驗，見月讀體對佛法奧義想必有了更深一層的體會，顯然見月讀體已經完全追循著道宣的行履。

然而見月讀體修習般舟三昧的意義，不只在於「能行難行」、「能忍難忍」，更重要的是他把般舟三昧修行法門，重新帶回當時佛門的視野當中。儘管他的修行方法可能來自年輕時在五台山的行腳經歷，但最終道業成就仍在南京寶華山。與重新制定戒律一樣，見月讀體親身示演般舟三昧，在於使佛子參學時可以「知所遵行，不墮非法」。既是楷模，更是軌範。

見月讀體的《一夢漫言》感動了許多後世的佛門中人，更見證了一位佛門高僧的生命歷程。我們也看到明清佛門高僧在艱難的時局當中，撐持法門的氣魄與擔當，仍然感動著今天的讀者，文學作品的優劣又豈只在雕琢字句而已，見月讀體的《一夢漫言》當作如是觀。

成就一條可長可久的路

見月讀體晚年與華嚴宗匠、著名的詩僧蒼雪讀徹往來無間。兩人同時出身雲南，更有一份同鄉情誼，兩人亦偶有應和之作。以下這首收錄於《寶華山志》的詩作，更顯難能可貴。詩云：

天地一微塵，茅廬共掃新。若教無此夜，哪識暫閒人。白雪融時暮，紅梅早占春。向來漂泊處，應是夢中身。

——〈除夜次蒼雪韻〉

這首詩是在除夕之時次韻1蒼雪讀徹原作。前兩句暗喻政權更迭，三四句說明隨處作主的境界，佛門喜以除夕比喻生死大事因緣，佛門中人自當「跳出三界外，不在五行中」。三四句雖是寫景，亦以雪夜紅梅暗指心志堅貞，此處當指佛門氣運。末尾回顧人生，以夢作結，符合夢中說夢的空王大法，白首老僧看行腳，即是浮生幻夢。

晚明以來的戒律重整，實為佛教復興的一環，具有歷史發展的必然性，從古心如馨、三昧寂光到見月讀體，以及眾多法門龍象的努力，許多戒律相關的文獻與儀禮方又重見天路。

見月讀體為律宗一代宗師，其意義不只在於興復南山律宗，而是以他的生命成就一條佛法真正可行可久的道路。眾多的戒律學著作、寶華山隆昌寺的戒壇、還有膾炙人口的《一夢漫言》，見月讀體在佛教史上的巨大身影依然無處不在，成為後世佛門弟子追仰學習的楷模。

1 又稱步韻，是和韻的一種。和韻有同韻與次韻之分，同韻是和詩的韻同即可，不必考慮韻的前後次序，而次韻不但要求同韻，且韻的前後次序也必須相同。次韻始於元稹、白居易，到了宋代蘇軾、黃庭堅風行一時，成為詩的一種體式。

天然函昰

怪來一隊書呆子

清初粵東詩僧冠冕天然函昰……

天然函昰被視為「史上人數最多詩僧集團」的領袖，與祖心函可並稱宗寶道獨座下兩大護法。他門下執弟子禮常數千人，還有縉紳士族、文人墨客樂從其問道，曹洞壽昌派在廣東留下鮮明的足跡，天然函昰居功厥偉。

誰說身窮道不窮，棲賢風味見雷峰。怪來一隊書呆子，魂夢猶懸峽澗中。

——天然函昰〈雷峰即事〉

儘管詩僧在中國佛教史上無代無之，但在名家如林的明清佛教叢林，帶領「可能是中國史上人數最多詩僧集團」走出一條屬於自己的道路，可說是天然函昰的獨家商標。

天然函昰（一六〇八－一六八五年），俗姓曾，名起莘，廣東番禺人，出身當地望族世家，曾舉鄉試第二，後捨俗出家，受法無異元來高足宗寶道獨[1]。道獨滅後，嶺南禪門氣運一歸天然函昰，曾先後開創了海雲、海幢、別傳諸剎。歷主福州長慶寺、韶州丹霞山別傳寺、廬山歸宗寺。

天然函昰本師為宗寶道獨，受法無異元來，其與遼東禪學之祖祖心函可並稱宗寶道獨座下兩大護法，兩人出家前，同為邑中望族，又久依宗寶道獨參究，情同手足。不過明清鼎革之後，祖心函可旋遭流放瀋陽的悲慘命運，兩人自此之後未曾謀面。當祖心函可在冰天雪地的關外播下禪門種苗之時，天然函昰深耕嶺南，一時門庭鼎盛，開創了嶺南禪門的新世紀。

天然函昰出家後，他的家族包括父母、妻、子、兄弟、妹，竟然都先後入了空門。

最初，天然函昰捨俗出家之際，照例鬧了一場小小的家庭革命，但沒過幾年，明朝傾覆，滿族入關，天地為之變色，眾人方服其遠見。

弘揚博山　龍象繞膝

身當天崩地解的明清鼎革時期，一時遺民大夫多入其門。天然函昰與祖心函可（其父為禮部尚書）出身嶺南簪纓望族。不知何故，晚明佛教研究者經常舉蕅益智旭做為生員出家的例證，其實家族出身遠在蕅益智旭之上的例子不計其數，函昰與函可就是絕佳的對照，博山（曹洞宗壽昌派無異元來系下）一道大行於世，天然函昰可說是居功厥偉。

天然函昰事師至孝，接引諸方，至老不衰。雖然眼空古今，但老婆心切，執弟子禮常數千人，縉紳士族樂從其問道，周遭更是不乏當時知名的文士詩人，例如今種（屈大均）、今龍（陸麗京），以及今釋（金堡）。所謂「龍象繞膝」一語，堪稱天然函昰生平絕佳寫照。

工夫綿密本為曹洞宗風，加上天然函昰本性和樂平易，文化修養極其深厚，世出世間打成一片，他可說是深情溫厚的春風。當祖心函可遭清廷流放瀋陽之後，天然函是始終念念不忘，經常修書問訊，後來亦遣其得意門生阿字今無（一六三三－一六八一年）等人親自前往關外問訊，可謂手足情深的一段佳話。

另外，投入天然函是門下的勝國遺民[2]，每個人身上心頭都傷痕累累，而天然函是不但能一一撫平，甚而使其心悅誠服，說天然函是如同一道溫暖的春風，撫慰勝國遺民那飽經國破家亡滄桑之痛的心靈，當不為過矣。天然函是成為嶺南地方明遺民的庇護所與中繼站，是當時嶺南遺民希望之所繫。在天然函是眾多的門人當中，其中最耐人尋味的例子應該算是今釋澹歸。

今釋澹歸　亦師亦友

今釋澹歸，俗名金堡，字道隱，又字衛公，浙江仁和（今杭州）人。崇禎十三年（一六四〇年）進士，在歷史上，此榜進士例稱庚辰榜進士，授臨清知州，後因與上司不合去職。滿清入關以後，今釋澹歸隨南明政府輾轉流離，當時永曆朝廷雖然僻在西南一角，但黨爭內訌異常激烈，時永曆朝中有「五虎」之目，言官五人無懼權勢，無人敢攖其鋒。金堡被稱為「虎牙」，以最可畏故爾。後為政敵構陷入獄，備受酷刑幾死，後改流放貴州。途經桂林，遂出家，法名性因，不旋踵間，清軍攻陷桂林，時桂林留守瞿式耜（一五九〇—一六五〇年）不屈死，遂上書清軍將領乞收骸骨。後受法天然函是，改名今釋澹歸。

歷史上，今釋澹歸是個充滿爭議的傳奇人物。今釋澹歸出家機緣雖然是因為政爭失腳所致，卻仍然不失為錚錚鐵漢，眾人（特別是江南的士人）原本以為他將以遺民僧的身分終老一生，沒想到他晚年卻跟清廷的權貴多所往來，特別是為平南王尚可喜編訂年譜一事，令江南士人大失所望，紛紛撰文批判他大節有虧，例如黃宗羲、王夫之等大儒。

不過，今釋澹歸在廣東所享的聲譽之高，備受愛戴，絕非那些故作高潔之姿的儒者所能夢見。事實上，今釋澹歸素有幹才之名，遠非空談虛理之輩可比，故天然函是囑以「化主」[3]之職，又命其掌丹霞。或因常與清廷官員接觸，且經常於兩廣之間來回奔波，日見其時百姓生活之苦狀，故而想法漸有轉變。其雖落髮出家，然亦頗注意時事，不以隱遁為高，念念不忘拯民於飢溺，其用心足謂深矣。身在佛門，他無時不刻對人民的苦痛感同身受，上書清朝官員請求減免稅賦。嶺南人民感戴其德，至今不衰，蓋其時時甚以當地黔首為念，每於其能力範圍內為民喉舌。是故嶺南士人廖燕（一六四四—一七〇五年，清初文學家、思想家）稱之為「一代偉人」，豈徒著眼於詩文筆墨哉？對今釋澹歸而言，遺民不過是徒以一己令名高潔為念的小乘阿羅漢一流，真正度生悲願，還是在於普賢大願成就的大乘菩薩道。

除此之外，從現有的史料來看，今釋澹歸與清廷官吏往來的目的之一，在於多方設法保護勝國遺民，筆者曾經在今釋澹歸的文集中，發現他為了營救無可弘智（覺浪道盛法嗣，俗名方以智），與清廷官吏斡旋的證據。偏偏這些細節，是遠在江南的士人無從得知的，但是將近百年之後的乾隆皇帝卻知道，他看了地方官呈報上來今釋澹歸的文集之後，非常憤怒，認為今釋澹歸的著作將會對清廷統治構成嚴重的威脅，不但下令禁止流通，將其著作版刻悉數銷毀，更將丹霞山的寺眾三百餘人全數處死，是清中葉一樁極慘烈的文字獄案，而當時距他入滅已經將近百年。

僧才推手　不遺餘力

今釋澹歸生前身後都充滿了驚奇，不過，一手打造今釋澹歸後半生傳奇經歷的關鍵人物，正是天然函昰。據說，天然初見這個曾經大名鼎鼎的士人今釋澹歸，第一件事情就是叫他到廚房洗碗，藉以打破他原先高自尊貴的架子。又命他充化主一職，專門為寺院募資，故不得不穿州撞府，與清廷官吏多所應答，實是其職責所在，非其本懷。今釋澹歸又秉命修建丹霞山別傳寺，先為監院，後任住持，可以說別傳寺一出其手。在天然函昰手上，飽嘗人事艱辛的名士「金堡」，變身而成不計個人毀譽，護持佛法不遺餘力的一代高僧「今釋澹歸」。從這個角度看，天然函昰也是個偉大的教育家。

今釋澹歸晚年因請藏出嶺，回到家鄉浙江，不幸在浙江圓寂，死前遺言「死了燒了，擲諸大海」，天然函昰聞訊，極其悲痛，有詩〈哭澹歸釋子〉記之，云：

> 憶別山堂意黯然，相期隔歲返林泉。
> 木蘭花發詩頻寄，山菊霜零夢已先。
> 僧史未酬當世業，道風空付後人傳。
> 普賢行願誰如汝，長子於今永絕弦。

從這首詩，可以看出兩人情誼之深，兩人名為師徒，但情同手足。前半言思念之深，後半則歎今釋澹歸無比願力，今已不得其人。首聯以孤單身影發起，頷聯以音訊不通為憾，頸聯則謂今釋澹歸重修僧史的道業未酬，末尾以深情作結，並強調兩人心志相契的默契。

天然函昰是個深情的人，他之所以能成為「史上人數最多詩僧集團」的領袖，最重要的人格特質也在這裡。天然函昰曾戲稱自己的人生「怪來一隊書呆子」，但這種戲謔卻隱含了懷人之作，不論是其家族，或其師宗寶道獨、其法門昆仲祖心函可、其門人阿字今無（一六三三—一六八一年）、今釋澹歸，都流露出動人的真摯情感，遠遠超乎修辭技巧工拙之外。例如他懷念祖心函可（千山剩人）所作之詩，極為真摯動人，詩曰：

> 歸臥廬峰憶舊因，夜深誰共侍瓶巾。
> 千株松柏前朝樹，萬里關河羈旅人。
> 明月未殘竹影寺，黃雲長蔽雁門津。
> 艱難閱盡頭先白，兄弟遙看淚欲頻。

這首詩的風格頗似杜甫，全然是家常口吻，但深情自見。此際兄弟相隔已逾十年，但對天然函是來說，祖心函可幾乎無一刻不在念中。特別是結尾兩句，寫出動亂大時代中遺民僧的無奈與悲辛，天然函是動人深情在此詩中展露無遺。從宗寶道獨到天然函是，再到今釋澹歸，如果再加上石濂大汕（一六三三—一七〇五年），曹洞宗壽昌派在廣東留下鮮明的足跡，不僅是佛教史上，更是中國文化史上的重大成就。

1 宗寶道獨（一六〇〇—一六六一年），廣東人，俗姓陸。號宗寶，別名空隱。世稱空隱宗寶、宗寶道獨禪師。十六歲，禮十方佛後自己執刀剃髮，歸隱龍山，結廬而居，侍母盡孝十餘年。二十九歲，謁博山無異元來，受具足戒而得法。身後，弟子們將其法語彙集成冊，遂有《長慶宗寶道獨禪師語錄》六卷流傳於世。

2 勝國指被滅亡的國家；遺民指亡國之民，前朝留下的老百姓。滿清入關以後，對知識階層採取恩威並施的策略，當時具良知、不甘出仕滿清政權的知識分子，因此「遺民」專指改朝換代後不仕新朝的人，如清唐孫華的《讀顧亭林集二十四韻》中寫道：「勝國遺民在，貞心匪石堅」。

3 化主有三種解釋，一是教化之主，即指釋尊，與「能化」、「教主」為同義語。二指教化之主人，指住持。三為街坊化主之略稱。指禪林中專司行走街坊，勸檀化越隨力施與以添助寺院者。有粥街坊、米麥街坊、菜街坊、醬街坊等別。其勸化所得，稱為化米、化麥、化醬等。本文為第三種。

祖心函可

好攜一滴灑遼東

遼東禪學之祖祖心函可……

滿清入關後，祖心函可竟成了第一樁文字獄的主角，
死罪雖免，卻難逃被流放瀋陽的命運，
自比「剩人」的祖心函可，
在冰天雪地的瀋陽播下禪法種子，
也因此在中國禪學思想史上，
留下不可磨滅的一頁。

杖底瀑飛三百丈，好攜一滴灑遼東。

——祖心函可〈寄麗和尚〉

如果不是天崩地解的大時代，一切流轉不定，遼東禪學之祖是否還會是來自廣東的祖心函可，誰也不敢斷言。

明朝剩人　流放盛京

祖心函可，又稱千山剩人，俗姓韓，嗣法宗寶道獨，法脈上屬於曹洞宗壽昌派一系。祖心函可家世高華，父親韓日纘曾任明朝禮部尚書；其父去世之後，家道中落，遂悟世事無常，於嶺南曹洞宗尊宿宗寶道獨門下剃髮出家。

祖心函可投入宗寶道獨門下之後，一意精進修行。如果不是滿清入關，祖心函可也許在禪學修為上會有傑出的表現，但幾乎可以肯定不會成為將禪法傳布到瀋陽地區的禪門宗匠。

滿清入關之後，第一樁文字獄的主角就是祖心函可，如果不是因得罪清廷，祖心函可被流放到盛京（今瀋陽），或許禪學傳入中國東北地區仍然遙遙無期，但也因此，祖心函可在中國禪學思想史自此留下不可磨滅的一頁。

清順治四年（一六四八年）的南京，祖心函可返回家鄉的途中，被清軍搜出身上許多對清廷語多不利的出版品（當然包括祖心函可自己的著作），後經當時降清大臣、曾是其父門生的洪承疇多方奔走之下，祖心函可倖而免死，獲判流放盛京。

在流放遼東以前，祖心函可與師兄天然函昰號稱宗寶道獨門下左右護法，於曹洞家風已經盡得真傳。流放北地遼東，正好提供祖心函可一個大展身手的絕佳舞台。而祖心函可的到來，更滋潤了當地漢人孤單的心靈。

遼東荒地　禪法播種

在祖心函可之前，佛教已傳入遼東地區，近年發現的遼陽北塔更是中古時期珍貴的佛教遺址。不過，祖心函可到達瀋陽時，只有藏傳紅衣喇嘛的蹤跡，幾座漢傳佛教的寺院都殘破不堪。當地喇嘛的道眼不同凡響，一見到祖心函可，即知為真誠修道之人，不但未加阻撓，反而給與他許多協助。在當地喇嘛的護持之下，祖心函可在瀋陽開堂說法，在遼東成功播下禪法的種子。

祖心函可在瀋陽時，也與當地士人組成詩社，號冰天詩社，成員包括被清朝廷流放的官員、明遺民、道士、僧人，祖心函可無疑是冰天詩社的中心人物，其詩作質量俱屬上乘。他曾說：「不因頻得句，何以破愁顏」、「呻吟亦可參清梵，詩句真同續命丹」，詩不但是祖心函可消遣解悶的娛樂遊藝，更是療癒祖心函可心靈創傷的良方。

由於祖心函可是入清以後第一樁文字獄的主角，明遺民的忠義精神始終是傳統批評家觀察的重點。《函可集》中最有名的詩是仿杜甫〈秋興八首〉所作的〈秋囈八首〉，其中第一首曰：

鐵騎飛傳海上音，彤雲靄靄幕秋陰。
元戎已作檻中虎，黃閣空留井底金。
半壁久添亡國恨，翠華難繫老臣心。
獨憐白首商人婦，重撥琵琶淚滿襟。

此詩作於乙酉年（一六四五年），是年滿人攻陷南京，祖心函可正好親逢大事。此詩雖然一仿〈秋興八首〉，但其沉痛情景仍歷歷在目。前半第三句謂兵敗如山倒，第四句則暗諷南明弘光小朝廷的大臣仍然聚斂成性，戰事已經全盤皆墨，全城籠罩在陰霾的氣氛之中。後半則寫個人的悲戚與哀傷之情。末句白首商人婦，則隱喻自己不與新朝合作的氣節堅貞。

此詩寫成之際，祖心函可尚不自知日後流放遼東的命運，只是一種強烈的道德衝動與此身無寄的淒涼。日後祖心函可流放盛京，得知家人皆已殉國，內心的悲痛無以名狀，只能寄情於詩。例如：

八年不見羅浮信，闔邑驚聞一聚塵。
共向故君辭世上，獨留病弟哭江濱。
白山黑水愁孤衲，國破家亡老逐臣。
縱使生還心更苦，皇天何處問原因。

此詩語意清晰，幾乎不用解釋，第五、六句就是祖心函可的自我認識，第七句也是祖心函可的心理狀態，不難看出朝代興廢在祖心函可留下的傷痕之深之痛。

大雪一番　心了無痕

祖心函可心懷故國、不仕新朝，是理所當然，但若過分集中於此，而忽視祖心函可詩歌的豐富性，亦不免失之於偏頗。祖心函可曾形容自己：「余家五嶺本炎方，孤身遠竄三韓地。」也就是說一個在炎熱南方生長的廣東人，因緣際會來到嚴寒北地。祖心函可縱使懷念故國，夢憶江南，畢竟實際生存在冰天雪地的盛京，關外的風土人情，在祖心函可的篇什當中亦隨處可見。例如這首〈寒夜作〉，寫盡一個南方人北地苦寒的窘狀。詩云：

日光墮地風烈烈，滿地黃沙吹作雪。
三更雪盡寒更切，泥床如水衾如鐵。
骨戰唇搖膚寸裂，魂魄茫茫收不得。
誰能直劈天門開，放出月光一點來。

這首詩沒有什麼微言大義，只是單純寫一個南方人面臨北地酷寒時無依無靠的悲涼。陰鬱的天地，床被冰冷、衣衫卻凍得發硬，原本以為下雪時已經很冷，沒想到半夜雪停了以後，酷寒又更進一層。這首詩雖然沒有自傷之情，卻不難看出祖心函可甫至遼東時，他敏銳的心思與拙於禦寒的窘態。等到熟悉遼東天候之後，祖心函可對遼東的漫天大雪又有了新的體會。又有詩詠雪云：

去年雪大今年熟，今年大雪復漫漫。
老僧喜極情逾怯，一番來下一番寒。

從畏雪到喜雪，卻又夾雜些許不安，深知大雪一番寒過一番。此時的詩人已經不是不可語冰的夏蟲了，對於遼東的天候、人情、事物已經有了截然不同的體會。冰雪不再是惱人的麻煩，而是平淡日常生活的一部分。

祖心函可羈留盛京期間，順治十一年（一六五四年）其法門昆仲天然函昰門下首座弟子阿字今無曾經想方設法，到盛京探訪祖心函可。阿字今無在盛京，與祖心函可終日唱和。此際的祖心函可心中已無恨，亦無罣礙，超越種族、國家，到達一個新的境界。

抖擻十年恨，全傾大海寬。看人忙不了，於我竟無干。
爆竹何曾響，蠹魚依舊寒。春風遲亦到，且莫發長歎。

此首詩真是悟道者之言，當年強烈的國仇家恨都已傾入大海。世事繁華熱鬧，都與道人無涉，心如牆壁，則可以入道。結尾顯然是阿字今無見到此地生活條件惡劣，對祖心函可極為同情，祖心函可不以為然，反而安慰來自南方的阿字今無，嚴寒會成過往，春天終會降臨，只是必須善於等待，抱怨、憤懟終究於事無補。

因此，遼東對祖心函可而言，從陌生到熟悉，從而融入生活。祖心函可已經不只是遼東風景的旁觀者，而是遼東人文風景不可或缺的一部分，禪宗在遼東生根發芽，祖心函可居功厥偉。

千秋事業　淡定人生

順治十六年（一六五九年），祖心函可示寂，不過四十九歲的盛年，尚可謂春秋殷盛。其臨終偈曰：

發來一個剩人，死去一具臭骨。
不廢常住柴薪，又少行人挖窟。
移向渾河波里赤骨律，只待水落石出。

剩人、遺民都是從傳統儒家政治的角度來看，但從佛法的角度來說，遼東弘法恐怕是祖心函可不可逃避的責任與考驗。肉身焉足惜愛，然無此肉身，道業亦無所託寄，頭陀尚不三宿空桑，何況故鄉。

在遼東，祖心函可開創了一個禪宗的新局面，這絕不是太平盛世的嶺南貴公子所能成就的千秋事業。香嚴禪師（？—八九八年）有一個著名的公案，問：「如人在千尺懸崖，口銜樹枝，腳無所踏，手無所攀。忽有人問：如何是西來意？若開口答，即喪身失命，若不答，又違他所問。當恁麼時，作麼生？」祖心函可的生命歷程彷彿就是這則公案最好的解答，生命的完成絕非國仇家恨的冤冤相報，而是以堅毅卓絕的精神轉識成智，續佛慧命，才能證見本來面目。

玉琳通琇

說法屢回天子詔

大覺普濟國師玉琳通琇．．．．

除了明末四大家外，玉琳通琇可說是家喻戶曉的人物，一般人對玉琳通琇的印象多來自戲劇，事實上，玉琳法師雖少年得志，以善辯聞名，但行禮如儀、進退有寸，不僅被清順治皇帝召入京、敕封為國師，又得到江南佛教界的敬重。

不風流處也風流，底事人間敢唱酬。說法屢回天子詔，回山不建御書樓。

——後人題玉琳通琇

如果在天之靈有知，看到自己不但成為連續劇中的主角，而且竟然是以「再世情緣」一類名滿天下，莫須有的八卦緋聞纏身，二十三歲時就擔任湖州府武康縣金車山報恩寺住持的一代高僧玉琳通琇，恐怕多少會有點啼笑皆非吧！

所幸這些八卦是在他身後三百多年才開始流行，也許是普羅百姓茶餘飯後聊天打發時間的談資而已。只是，這樣的八卦對於認識玉琳通琇的內心，或者理解其在歷史上的重要性一點幫助也沒有。假如是在生前，當時以好辯善鬥聞名的玉琳通琇，也許不會如此輕易善罷甘休。

早慧駿利　名滿天下

魁碩並峙的明清叢林當中，論早慧駿利莫過於玉琳通琇。玉琳通琇，俗姓楊，江蘇常州府江陰人，十九歲從天隱圓修出家，其師甚為器重，「日則執勞方丈，夜則入堂坐香」。崇禎七年（一六三四年），圓修遷湖州府武康縣報恩禪寺，不久示寂，玉琳通琇遂繼席報恩禪寺，大闡宗風。順治十六年（一六五九年），奉清世祖順治皇帝詔請，入京說法，敕封「大覺普濟能仁國師」；後辭京南歸，又屢蒙詔請入京說法，辭不獲准，屢次入京說法。

順治十八年（一六六一年），順治駕崩，玉琳通琇南還報恩寺；康熙四年（一六六五年），受請駐杭州西天目山禪源寺，感其地為元代高峰原妙禪師祖庭獅子正宗寺故地，遂以此地開「獅子正宗派」，天目山禪法重光，玉琳通琇居功厥偉。康熙十四年（一六七五年），行腳前往五台山途中，示寂於江蘇淮陰清江浦慈雲庵。歷住武康報恩寺、杭州大雄山、湖州扣冰寺、龍池山、磬山、西天目山禪源寺、宜興善權寺。

武康報恩寺在當時亦是頗有規模的禪門重鎮，但住持方丈竟然不是凝穩持重的長老耆宿，而是風采迷人的翩翩佳公子，想想玉琳通琇住持報恩禪寺時，只有二十出頭，明清叢林流行「報恩長老二十四」一句話頭，即是玉琳通琇其人其事。想當年雪浪洪恩住持南京大報恩寺，年齡尚在而立之年上下，玉琳通琇算是打破雪浪洪恩的歷史紀錄。

「報恩長老二十四」畢竟多少引人遐想，或許這就是關於玉琳通琇種種八卦流傳天下的主因，但從可靠的史料來看，玉琳通琇絕對是個本色僧人，傳聞泰半出於臆測，又因玉琳通琇樹敵不少，流言蜚語或許還有一絲不懷好意的毀謗中傷，不過正因如此，玉琳通琇於當時受人注目的情景可見一斑。名滿天下，謗亦隨之，多少有點莫可奈何，「人紅是非多」是古今中外不變的道理，在玉琳通琇身上也充分適用。

應詔赴京　人生試煉

種種八卦傳聞屬實的話，玉琳通琇斷無奉詔入京之理。新朝天子詔請入京固然是玉琳通琇生命中最重要的轉捩點，不過所謂天寵聖眷，玉琳通琇從未持之以驕人，據說玉琳通琇接獲帝詔時，固辭而不獲准。官差催迫，與押解犯人無異。首次面見新朝天子時，刻意破小小戒，以戴帽示不事王侯之決心。還山之後，御賜紫衣金印從未一用，亦絕不示人。

熟悉明清之際這段時期歷史的人，一看玉琳通琇的例子定然覺得十分熟悉，清廷這種恩威並施的方式亦非專對玉琳通琇一人，這是清廷政府一貫手法，明清江南叢林原本與士大夫一鼻孔出氣，以不事新朝為高，此舉等於強迫染黑玉琳通琇，迫他走上一條不歸路，從此只能選擇與新政府合作，當然也是分化江南佛教界的手法。

玉琳通琇於此自無不知之理，以今視昔，拒事新朝一事固然不能如願，但玉琳通琇在此事的分寸掌握極佳，不僅與清朝建立良好的關係，也由於其明確的表態，江南遺民士人對其赴京一事並未深責，應詔赴京對玉琳通琇不僅不是榮寵，更正確地說：是場試煉。通過這次難度極高的試煉之後，玉琳通琇身價水漲船高，青史註定留名。不同的政治立場竟然同時都能接受玉琳通琇的表現，其智慧遠非常人可及，相對於另一位同樣應詔入京，卻同時得罪新舊雙方的木陳道忞，兩者相距高下不可以道里計。

有此一說：女真族原本信奉薩滿教，為拉攏蒙古、西藏等民族，接受藏傳佛教，為與觀音轉世的達賴抗衡，自稱文殊後裔，故自稱「滿」（「曼殊師利」的諧音）人，抬高五台山的地位，成為滿清皇室崇奉的御用靈場聖山，清朝康、雍、乾諸帝都有打扮成文殊菩薩，位居世界中心的曼陀羅畫像，原因即在於此。

不屈權謀　全身而退

眾所周知，五台山為文殊菩薩的根本道場，雖然從晚明萬曆時期開始，在憨山德清、月川鎮澄的努力之下，五台山已有復興之象，但清朝王室從尚未入關開始，已著意經營五台山，入關之後，對五台山的經營贊助遠邁前代，特別是藏傳佛教。同時，別忘了，北京城裡還有成千上百的天主教傳教士伺機而動，甫入主北京的女真族人，到底對禪法有多少認識不言可知，在這樣的特殊背景與敏感時機，順治帝卻刻意選擇向禪門示好，最重要的目的當然是投江南知識階層所好，玉琳通琇年輩不算太高，出身名門正派，其師天隱圓修與密雲圓悟、雪嶠圓信同為龍池幻有門下高弟。

雖因少年得志，名滿天下，但畢竟尚不足與諸山長老（例如曹洞宗的覺浪道盛或三峰派的繼起弘儲〔一六〇五—一六七二年〕）抗衡，帝力加持可撐持其勢，在玉琳通琇入京以前，順治帝對玉琳通琇的理解恐怕有限，其之所以刻意選擇玉琳通琇做為合作對象，必然充滿精確的政治算計。

因此，不論對清廷或玉琳通琇兩者而言，應詔入京都是一場精心策畫的演出，雙方的動作都是充滿隱喻的象徵性動作。同樣的劇目，玉琳通琇的評價之所以遠勝於木陳道忞，不在於胸襟，也不是護教弘法的熱情。筆者以為，玉琳通琇在這場大戲中只是如實地扮演他自己，易言之，角色的要求正好完全符合玉琳通琇的個性。

前已言之，玉琳通琇二十三歲即住持武康報恩禪寺，如何面對如同父執（甚至是祖輩）的諸山長老？玉琳通琇必須以大動作充分證明自己的能力與抗壓性。天隱圓修開創的磬山派人數雖然不在少數，但論當日聲勢，則遠不如密雲圓悟的金粟派或漢月法藏的三峰派，玉琳通琇像是大家族中精明的庶出之子，以《紅樓夢》人物來比，最近探春；才幹過人，急於在各種場合證明自己的能力（善辯好鬥），但又不失大家風範與格調。巧合的是，顧命大臣環伺的順治帝，其心緒亦有相通之處，這不能明言的幽微心事，或許才是促使兩人一見合拍的因素，佛法不可思議，往往如是。

行禮如儀　大覺普濟

玉琳通琇豈是為了權勢屈膝之人，為了佛法與眾生，不得不負重忍辱，如同囚犯一般來到天子腳下的北京城，恐怕悲憤的心情居多。玉琳通琇好辯，崇禎十四年（一六四一年），曾作《辨魔錄》一書，罵遍諸方，連密雲圓悟都看不下去，勸他稍微收斂。密雲圓悟何等人也，竟也移書勸人冷靜，玉琳通琇態度激切不難想像；例如又與曹洞宗人寒松智操（一六二六—一六八八年）爭奪善權寺一事，幾乎無所不用其極，是以招致各種批評，凡此種種，都是玉琳通琇積極力求表現，想要證明自己對於臨濟法脈無上熱情與堅強信念的作為而已。

玉琳通琇的示寂與入京一樣充分具有戲劇張力，相信他前往五台山朝山只是一個冠冕堂皇的理由，對於禪僧而言，坐脫立亡雖非佛法本意，但一大事因緣亦不得草草。玉琳通琇刻意離開西天目山或報恩禪寺，反而選擇一個偏僻破落的野寺中圓寂坐化，可謂到達「樹葉搖落，體露金風」的境界，這場力重千鈞的演出，再度震驚朝野。

在玉琳國師坐化以前，從來沒有人知道清江浦慈雲庵，竟因這個特別因緣一躍成為眾人注目的焦點。玉琳通琇雖然是清代尊崇的國師，但他從不以政治權勢謀求一己之利，內心恐怕還是那個睥睨群倫的高傲貴公子，只是希望證明些什麼，保持崇高的格調，在最後一刻，他再度證明了自己在佛法修為的高超境界，以及在那個天崩地解的大時代不得不爾的尷尬處境。

從二十來歲成名開始，玉琳通琇早已習慣在各種公開場合行禮如儀。從離開西天目山到圓寂之前，曾經震動朝野的玉琳國師一度行蹤成謎。短短的時間內，繁華落盡見真淳，終於不必再在乎眾人目光，也不需要考慮立場各異的諸方觀感，能夠在小小不知名的寺院裡隨眾作務，隨喜坐禪念佛，或許才是「大覺普濟能仁國師」玉琳通琇在人世間難得的快樂時光吧。

爲霖道霈

乘風飛去又飛來

清初曹洞宗壽昌派殿軍為霖道霈

晚明清初動盪的時代因緣，令許多高僧大德不得不漂泊四海，
不過，為霖道霈的境遇更為傳奇，
擔任鼓山湧泉寺住持十數年被迫離開，十二年後再度被迎回，
雖為曹洞宗壽昌派傳人，卻也終身念佛不輟，
因這般戲劇化的經歷，讓他寫下許多詩作與著作，
在佛教史上留下不可抹滅的印記。

岁崱峰頭雲一片，乘風飛去又飛來。作霖作雨渾閒事，惹得虛空笑滿腮。

——為霖道霈〈上堂〉

長久的漂泊，或許是為霖道霈在明清叢林宗匠中最特別的經歷。當然，為霖道霈禪教兼通，著作等身，持戒精嚴，又長於詩文，聰明與勤奮兼而有之，但明清叢林符合這些條件的大師不乏其人，為霖道霈談不上特別。當上住持十餘年後被迫下台，十餘年後又被迎回其位的人，不獨明清，放眼中國佛教史，幾乎也沒有同樣的例子。雖然為霖道霈是永覺元賢親自挑選的衣缽傳人，但也沒有辦法克服這重難關，似乎是命定的漂泊。

為霖道霈雖被迫離開鼓山湧泉寺，並放棄住持一職，卻並非自適逍遙，仍在各地修寺、弘法，著書立說，與他在鼓山湧泉寺所做的事相差無幾，只是不得動見觀瞻。當為霖道霈七十歲之後，鼓山湧泉寺再度迎入住持時，他面露難色，推辭再三，既不是記仇、記恨，更非故作姿態，而是十分不捨自在悠閒的時光。

不過，可以肯定的是，為霖道霈主要的著作，大部分都完成於首次離開鼓山湧泉寺的十餘年間，其中不乏感人至深、思想入微的作品。換言之，這十餘年的清冷光陰，實為霖道霈在佛教史上占有一席之地不可或缺的因緣。從這個角度看，為霖道霈最珍惜的是這十餘年「借來的時光」。

可惜的是，直到今天，我們竟然都還不知道，當時迫使他離開鼓山湧泉寺真正的理由。

禪教兼通　終身念佛

為霖道霈，俗姓丁，生於萬曆四十三年（一六一五年），卒於康熙四十一年（一七〇二年），福建建寧人。其母年過三十而膝下無子，禱於觀音菩薩，遂生為霖道霈。十四歲即捨俗出家，初隨雲棲袾宏弟子聞谷廣印，後從永覺元賢修學，亦曾就密雲圓悟參究，不契，後從永覺元賢印可證悟，續任鼓山湧泉寺住持，康熙十年（一六七一年）一度被迫離開鼓山湧泉寺，康熙二十三年（一六八四年）再任鼓山湧泉寺住持。著作甚豐，包括《鼓山錄》、《餐香錄》、《還山錄》、《旅泊菴稿》，纂述有《華嚴疏論纂要》、《護國仁王般若經合古疏》等。

從宏觀的角度看，為霖道霈相當程度地反映了晚明清初佛教界的潮流。從現存的資料看，為霖道霈離開鼓山湧泉寺，極有可能因整飭叢林綱紀而開罪既存勢力，見月讀體也有類似的遭遇，凸顯晚明以來的戒律復興風潮。而為霖道霈生命中第一個重要的老師聞谷廣印，以雲棲弟子聞名當世，亦唯勸人老實念佛，此訓為霖道霈終身奉行不渝，可知在雲棲袾宏的影響之下，念佛法門的深入人心。

密雲圓悟的弟子費隱通容著《五燈嚴統》，認為永覺元賢未得無明慧經印可，難以謂之壽昌子孫，此舉大為觸怒鼓山僧眾，故挺身反擊，當時禪宗門庭紛爭如此熾烈，箇中人物豈真能置身不問？另外，為霖道霈對經教十分重視，特別是《華嚴經》，詩文雖是餘技，他卻也十分在行，晚明以來，文字禪風靡一時，於此又體現無遺，覺浪道盛曾謂「壽昌鋤頭，總在受用一真法界」，說明華嚴教法在曹洞宗旨的重要性。

眼界開闊　詩作宏觀

明末佛教復興的一大契機，在於佛教文獻的重新整理。從雪浪洪恩纂輯《相宗八要》開始、紫柏真可刊刻《嘉興藏》，發掘慧洪覺範1的著作，特別是對《智證傳》的理解，引爆密雲圓悟與漢月法藏之間的戰火。近代中國佛教復興的端緒，亦從發自楊仁山居士[2]整理佛教文獻資料，人文學術的發展，往往以新資料為發凡，洵非虛語。

楊仁山之所以著意蒐集佛教文獻，主要的契機在於他的日本經驗，以及與當時日本佛教界人士的密切交往，例如南條文雄[3]。有趣的是為霖道霈也經過日本管道，重新認識到日本佛教史上傑出的曹洞宗開祖永平道元，並為江戶時期傑出僧人獨庵玄光的著作製序。除此之外，為霖道霈集中也收有題為琉球國王求偈所作之詩。其詩云：

巍巍宮闕涌中山，山海高深自作關。玉葉千秋傳益盛，金甌永固治常閒。
鳥啼花笑真機發，魚躍鳶飛大道還。遙憶唐虞垂拱世，淳風猶喜在其間。

為霖道霈並未去過琉球，琉球國王亦不可能親聞為霖道霈之名，但明清時期琉球王國的使節依例先在福州上岸，其於福州停留其間，鼓山湧泉寺是其必訪之地。所謂琉球國王，恐怕是指琉球國王的使節而言。此詩有趣的是並未談論佛法，反而某種程度透露出明清時期一般人對於琉球王國的想像。琉球舊稱中山國，此詩前兩句自是恭維之詞，第一句謂之宮殿華麗，第二句謂琉球自成一家。以中國的標準來看，琉球王國的宮闕談不上華貴，這裡固然是恭維之詞，但其實是將琉球王國比喻成龍宮。琉球王國的使節多是統治階層的貴族子弟，頌聯祝其皇圖永固。

後四句稱許琉球王國能尊崇儒學，故民風純樸，有上古之風，結尾顯然將琉球比喻成桃花源。不論龍宮或桃花源，其實都是理想世界的投射。雖然中國朝貢貿易是琉球王國經濟命脈之所在，但由於琉球深懸海外，對中國的士人而言，往往視其為海上仙山。在此同時，晚明清初，中國政治經常處於不安定的狀態，此詩同時也暗藏了中土人士在艱難現實處境中撥亂反治的願望。

十七世紀的福建與國外頻繁的往來，特別是明清之際的鄭氏政權掌握了當時東南沿海的經濟大權。當時的福建佛教界，以黃檗山萬福寺與鼓山湧泉寺的地位最為崇隆，又因為地處港埠，成為當時中國佛教弘揚海外的根據地。為霖道霈師承永覺元賢，久居鼓山湧泉寺住持，眼界開闊，其著作無意間也反映了當時複雜的國際局勢。

鍊字之功　一方作手

不知何故，曹洞宗壽昌派開祖無明慧經惜墨如金，但旗下健將，如無異元來、永覺元賢、覺浪道盛莫不勤於筆耕，著作之豐往往逾於常人，為霖道霈亦不例外。為霖道霈之詩往往語意淺白，但自有風味，特別是其漂泊寄懷，沒有文人淺薄自傷的悲戚，而有道人曠情的灑然。例如其重遊百丈山之作，是其集中傑作。其詩云：

此山高百丈，草屋是吾居。掃葉煮寒瀑，開畬種野蔬。
談經頻聚石，入定每逃虛。別久重遊止，岩巒尚識余。
去山三十載，今日喜重來。松石還無恙，茅廬已別開。
看雲時出谷，嘯月復登台。見道忘山者，幽然破雪梅。

——〈己未春重遊百丈靜室〉

為霖道霈少年時曾於百丈山結茅閉關，康熙十八年（一六七九年）做此詩，正輾轉於福建各地，是以全詩以老友重逢為其基調。此詩雖未明言山居，但觀其用詞遣句與精神基調，言其為山居詩當不為過矣。

曹洞宗壽昌派開祖無明慧經由「大好山」公案開悟聞名一時，為霖道霈想當久蓄胸中。在此詩中，百丈山成為為霖道霈的知音，山中的居室觀月賞梅，松石解語，十分灑脫逍遙。草屋、茅廬，都令人想起石頭希遷禪師（七〇〇—七九〇年）的〈草庵歌〉，在佛教詩歌的修辭傳統當中，山石、屋宇經常是人身四大的隱喻，是故此詩言「草屋是吾居」，又言「茅廬已別開」，正是禪宗「不異舊時人，但異舊時行履處」的體現。煮瀑種蔬，乃一切具足之意，又全詩眼目在「見道忘山」一句，見道者自然能如破雪之梅，花香浮於天地之間。全詩沒有一絲火氣，也沒有刻意說教，只是借用傳統的自然意象，寄託一個本分禪者的情志心懷，語氣看似溫厚灑脫，其實深於鍊字之功，亦是一方作手。

一般研究者往往視為霖道霈為明清曹洞宗壽昌派的殿軍，自有其道理。因為在為霖道霈之後，清廷對佛教的管理愈趨嚴格，僧侶連註解經典都必須向政府報備，如何在佛法知見上精進突破。為霖道霈漂泊輾轉的遭遇反映其面對現實環境的無可奈何，不過，在流浪漂泊的歲月當中，從未怨天尤人，得力於佛法者多矣，且著述不輟，奠定屹立不搖的大家地位。入火不燒，入水不濕，佛法無多子，如此而已。

1 慧洪覺範，又名德洪，字覺範，自號寂音。江西筠州（今江西宜豐縣）人，俗姓喻，寶峰克文禪師之法嗣，臨濟濟宗黃龍系傳人。是北宋時期的名僧，是當時頗負盛名的詩人、詩論家、僧史家、佛學家，著作有《石門文字禪》、《甘露集》、《冷齋夜話》、《林間錄》、《禪林僧寶傳》、《高僧傳》、《臨濟宗旨》、《法華合論》、《圓覺皆證義》、《起信論解義》、《語錄偈頌》等。

2 楊仁山（一八三七—一九一一年），名文會，字仁山，安徽石埭（今安徽池州台）人。清朝末年著名佛教居士，中國近代佛教復興運動的奠基人，被尊稱為「近代中國佛教復興之父」。

3 南條文雄（一八四九—一九二七年），日本著名佛教學者。早年學習古漢語與佛教文獻，一八七六年被派往歐洲學習梵文和印度哲學，期間結識楊仁山，並幫助楊從日本運回一批在漢地失傳的佛教經論，由南京印經處翻印發行，促進了佛教在中國近代的復興。一八八四年返回日本，出任講授佛學的大學教授。

子雍成如

燕山一片雲

清初北方南詢女禪子雍成如⋯⋯

出身北方京城的女禪師子雍成如，
不僅在京城說法，受王公貴族眷屬護持，
更四處參學訪道，遍歷道場，三上五台山，
從北方到江南，進行「南詢五十三參」，
曾到禪宗祖庭天童寺，也出海至普陀山，
更在碧霞禪院升堂說法，可說是南北通宗的具體實踐，
燕山一派向南流，到處分明月映州。

帶得燕山一片雲，含藏滿袖贈於君。香分南苑原無賈，占斷春光迥出群。

——子雍成如〈天寧寺講道〉

明清經濟、文化總在江南，佛教也不例外。禪宗發展到明清時期，江浙一帶的叢林道場已負天下道望。對出身旗人漢軍的北方女禪師子雍成如（一六四八—？）而言，一訪江南的願望，想必久蓄胸中，五十歲以後，才有機會一償宿願，內心的激動不難想像。

北方帝都　江南想像

其實何止是他，當時天子康熙皇帝對繁華富庶的江南又何嘗不嚮往？北京頤和園內就不妨看作北方人的「江南想像」。北京固然是權力的頂峰，除此之外，真正令人留戀的事物似乎也並不多，更何況對真參實證的禪門行者來說，所謂令人仰望讚歎的帝都氣象，或者目眩神迷的榮華富貴，不僅是過往雲煙，更可能是戕害真如本性的糖衣毒藥，避之唯恐不及。

不過護持佛法最重要的關鍵往往在於王公大臣，因此都城不可不去，卻又不可久居。從禪宗史的角度來看，天子腳下的北京都城固然是權力運作中樞，但此純是世諦流布，宗教的神聖性不免稍嫌不足。中國北方，最重要的佛教聖地當屬五台山，只是從禪宗史的角度看，除了在公案偶一出現（例如「台山婆子」）之外，明清時期的五台山，在學術思想上傾向密教與華嚴學，與禪宗的淵源不算太深。

明清時代禪宗的中心在江南，尤其是江浙一代，這與當時的文化走向可謂並無二致。晚明以來，江南地方出身名門巨族的閨秀剃度出家不乏其人，也留下了幾部語錄。相對於此，女性禪師在北方的身影不免顯得冷清孤單，所幸還有子雍成如一人，可以稍稍彌補此遺憾於萬分之一。

心慕江南　一心南詢

子雍成如，俗姓周，祖上湖北荊門人，祖籍關東，流寓都門。其父曾隨清廷聖駕征討有功，年逾半百之後，尚無子息，殷勤禮拜菩薩後始生子雍成如。後出家禮補仁和尚為師薙染，一意參究，受本師古律元範印證，承嗣臨濟法脈。

入清以後，臨濟宗玉琳通琇與木陳道忞曾應順治皇帝之詔入京說法，離京之際，都將門下大弟子留下駐錫北京，自此以後，北京禪門法脈盡出二者之門。比丘尼子雍成如之師古律元範師承遠庵本僼（一六二三—一六八二年）即出自木陳道忞門下。據他自承：「平生證入，多在五台、遼西。」可是不得其詳。

對北方的禪門行者子雍成如而言，南方的九華山、普陀山、天童寺之名必然縈迴耳際，特別是對於其遠祖密雲圓悟、木陳道忞的崇仰之情，無刻不在心上。當他歷盡千山萬水，進入天童寺時，內心想必激動異常。他曾作〈神塔〉一詩，記錄當下心境。詩云：

拖泥帶水入天童，不是求名欲覓宗。
一見真龍開八面，棒頭惡氣漏機風。

「不是求名欲覓宗」，也就是說子雍成如自我認同的源流發凡處。後兩句強調臨濟宗風的辣烈猛利，特別是密雲圓悟在世之時，禪海中屢掀波瀾；滿肚無明火，一聲獅子吼。遠祖威風八面的事蹟，當時還十分膾炙人口，身為臨濟子孫的子雍成如，其追慕之情不難想見。

子雍成如的南詢之旅，主要還是在於探尋法脈源頭，亦經常上堂說法。特別在杭州吳山碧霞禪院，由趙吉士、凌紹雯等鄉紳領銜，延請上堂說法，子雍成如應對此頗感自得，畢竟對一位北方出身的女性禪師而言，對能在禪匠如林的江南寺院登堂說法一事，終身引以為傲亦不足為奇。

子雍成如當然是個真參實證的本分衲子，修行也有一定境界殆無可疑。其實關於子雍成如的資料極少，其存世語錄分量亦不多，與其他文人交往也不密切，無法從其他的紀錄對他的為人一窺究竟，目前為止，暫時只能以他自身的說法為唯一的憑藉。嚴格來說，他的生平近乎謎團。

親見康熙　玉成之恩

但這樣一個比丘尼，從現存語錄來看，在北京城內主要的護持檀越是達官貴人的女眷，不但經常與公主往來，甚至竟然曾經兩次親見當朝天子康熙皇帝。即使身在北京，除了當朝文武大臣，一般人要見到天子仍非易事，子雍成如竟然見了天子兩次，而且如此巧合的是，從語錄來看，子雍成如親謁龍顏就在其南詢前後。雖然其與康熙帝談話的內容目前不得而知，但其謝恩詩卻透露出些許蛛絲馬跡，頗為耐人尋味。〈辛巳遇皇上偶呈〉詩云：

今年何幸遇南暄，一日陰晴變幾翻。
簷下紙窗乾又濕，船前石逕濕還乾。
峰下灣還盡是江，片帆高出燕京鄉。
天風一陣來何處，吹起黎民話短長。

另一首〈遇皇上恩口占二偈〉云：

雲帆高掛拂晴煙，猶幸天恩降玉篇。
千里江山方寸裡，香焚柏子謝天顏。
一段真臘接曉煙，金魚遙頌祝新篇。
年華此日同堯日，萬里山河捧御顏。

以詩論詩，這兩組詩並不見高明，重點是第一組詩末尾「吹起黎民話短長」與第二首「萬里山河捧御顏」兩句。本來這兩首只是在表達意外與感謝之意，「吹起黎民話短長」形容康熙帝親民愛民之狀，視民如傷令人感佩，不過問題是子雍成如既非眷屬，又非大臣，何以親暱若是？第二組則寫自身對帝室的忠誠，「千里江山方寸裡」與「萬里山河捧御顏」兩句意謂天子對舉國情勢瞭若指掌。而第二組第一首末尾特別感謝康熙皇帝的玉成之恩。

答案至此已經呼之欲出，子雍成如得以一遂南遊之願，似與康熙帝的恩准有關。換言之，子雍成如的南詢之行帶有某種程度的官方性質。因此除了掃塔覓宗之外，子雍成如可能負有某種程度的政治目的，諸如宣揚天威，以及探求民情等。

僧家本懷　並無南北

女真興起之初，便將北方漢人編入八旗，子雍成如其父既然隨駕親征，與帝室關係密切自然不在話下。《紅樓夢》作者曹雪芹祖父曹寅就是帝室親信，是最著名的例子。江南叢林曾是明遺民聚集之處，連雍正都了然於心，康熙焉有不知之理，子雍成如負有政治任務不足為奇。特別的是：子雍成如是位女禪師。在其語錄中有一則問答值得注意。

師問：「你是哪裡人？」
進曰：「真滿洲。」
師曰：「未出母胎哪裡住？」
進曰：「遍界不曾藏。」
師曰：「好箇真滿洲。」

此處對滿族的讚歎只是表態效忠而已，無甚深意。但從此可以看出子雍成如門庭中多有滿人往來，在明清的女性禪師當中，可謂僅此一家。子雍成如與玉琳通琇、木陳道忞最大的不同在於他並非江南出身，而是北方從清漢人，原本就傾向於滿清一側，並沒有政治認同的問題。他有一首〈述懷〉詩，寫其平日生活情狀。詩云：

海月臨天宇宙光，令人心地得清涼。

當年煙水尋方歇，此日金台唱道忙。
接物利生原有願，祝筵皇帝壽無疆。
閑來多少青雲客，每向吟哦集講堂。

本詩文意明白，不須多做說明。首聯寫佛法本旨，次聯則寫個人際遇的變化。頸聯前半是僧家本願，下半則是祝聖兼以祝國。末尾則寫青雲之客雲集講堂之狀，一以見帝力無疆，同時強調自己蔑視名利的高潔。對子雍成如而言，其政治立場與僧家本懷一點也不衝突。對他來說，四重恩的父母恩與國土恩都在北京。子雍成如存世的資料雖然不多，但卻留下許多有趣的伏筆，未來值得有心人繼續追索。

第三篇

詩文書畫信獨步

雪嶠圓信

第一等偷懶沙門

孤高散聖雪嶠圓信

雪嶠圓信因參悟「古雲門」之匾，
而脫胎換骨，文采煥發，
並開啟與雲門宗的特殊連結，
但其性情孤高，不屑接交時流，
使雲門宗的興復大業難逃失敗命運；
但其詩作與書法成為時人珍藏的重寶，
展現了另一種永恆價值的動人姿態。

青山箇箇伸頭看，看我庵中喫苦茶。

——雪嶠圓信〈山居〉

如果不能化為現實，夢想終究只能是夢想。在需要起身行動的當下猶豫不決，代價往往就是終身的遺憾。明清之際重新復興雲門宗的願望，畢竟沒有成為現實，只能是雪嶠圓信深藏心中的夢想，以及那揮之不去的黯然神傷。

文采令皇帝景仰

雪嶠圓信俗姓朱，浙江寧波人，少時家貧。二十九歲出家，歷參當時尊宿大德，包括雲棲袾宏、憨山德清、笑巖德寶，後受法於當時臨濟尊宿龍池幻有。對現在的佛教界而言，雪嶠圓信可能是個陌生的名字，但在明清之際，雪嶠圓信不僅是一代禪門泰斗，能詩擅書之名遠播京城，就連當時天子順治皇帝一再表明孺慕之意。

清初應順治皇帝之聘的木陳道忞北遊京畿之際，對順治帝喜尚雪嶠圓信一事印象深刻，曾說：「獨於雪嶠老人之高風逸韻，日理於口，殊切景仰之思。」（《北遊集》）——也就是說：順治皇帝整天都把雪嶠圓信掛在嘴上，對雪嶠圓信崇拜不已，可以說是雪嶠圓信的瘋狂粉絲。

中國歷史上，傑出的詩僧固然不計其數，但遠在千里之外，卻能得到當今天子這樣熱切崇拜的眼神似乎也不多見。儘管明清的高僧往往精通文藝，但能與當時詩壇領袖共執牛耳，且堂堂分庭抗禮者，莫有過於雪嶠圓信與蒼雪讀徹二人。蒼雪讀徹是來自雲南的華嚴學僧，生平亦多波瀾，詩作亦超軼絕倫，值得細細品味，且先留待下回分曉，本文先說雪嶠圓信。

當時的批評家對雪嶠圓信之詩讚不絕口，例如劉獻廷（一六四八—一六九五年）曾說：「近代尊宿之能詩者，無踰老人，恐無可、齊己不是過也。」著名的浙江詩人李鄴嗣（一六二二—一六八〇年）亦說雪嶠圓信之詩「獨妙古今」、「即在詩人口中，亦是王維、常建極佳處。」說雪嶠圓信與無可、齊己（二人都是唐末五代著名的詩僧）等歷史上著名的詩僧比肩還算客氣，至於說可以與王維、常建等唐代大詩人等量齊觀，那就絕不可能只是人情應酬，泛泛而談而已。況且這也不是李鄴嗣個人的偏見，當時的詩壇名家朱彝尊（一六二九—一七〇九年）、查為仁（一六九三—一七四九年），都對雪嶠圓信的詩作推崇有加。

詩思別作一格不落俗套

綜觀雪嶠圓信的詩作，除了僧詩一貫清寂空靈的情調以外，亦能自出手眼，別作一格。他有一首出名的詩〈山居〉，詩云：

簾捲春風啼曉鴉，閒情無過是吾家；青山箇箇伸頭看，看我庵中喫苦茶。

青山有情，看我喫茶。青山與我合一，我在青山當中怡然自適，塵世喧囂不到青山，亦不到我。此詩令人聯想起辛棄疾名句「我見青山多嫵媚，料青山見我應如是」，此詩雖然平淡，然其與天地宇宙合一的襟抱自然流露，又可見禪者不與世諧的剛強氣骨，兼之出以略加諧謔之語調，確係別有天地，斷非傳統僧詩「蔬筍氣」（意謂不食人間煙火）一路可以籠絡。其詩思既不落俗套，亦可見其天地間獨立蒼茫的懷抱。雖然用典，但語出天然。民初著名的豐子愷（一八九八—一九七五年）曾取此詩後二句詩意作畫，此二句遂騰頌人口，然眾人多不知此二句實出自於明清一代高僧大作手雪嶠圓信。

雪嶠圓信家世平凡，出家伊始，除了勤奮參學之外，並未見奇崛特異，但某次偶然的邂逅，造就了雪嶠圓信特殊的一生，譚貞默（一五九〇—一六六五年）〈語風道行碑〉是雪嶠圓信生平最忠實詳盡的紀錄，在〈語風道行碑〉一文，譚貞默曾就雪嶠圓信的開悟過程如是寫道：

（雪嶠圓信）將行返天台尋人印證，未得；忽抬頭見「古雲門」三字，乃大悟，發願弘雲門宗。途中作偈云：「一上天台雲更深，腳跟踏斷草鞋繩。比丘五百無蹤影，見得他時打斷筋。」遂就人索紙筆，自題云：「雲門石頭得正句」，又作偈云：「昨日樵夫手，今朝文筆峰。借君一張紙，流水寫東風。」前此盲然於識字作書者，向後手腕憑空，脫胎換骨，如獅子擺落鎖韁，揮灑縱橫，一往吟山寫水，得大自在，成無師智。統自見「古雲門」三字始。

與雲門宗的特殊因緣

在觀「古雲門」之匾開悟以前，雪嶠圓信不過是因貧出家的一介凡僧，此後大有省悟，已非昔日可比。開悟前不識一字，開悟之後，脫胎換骨，文采煥發，在佛教史上固然不乏其例（例如近代詩僧八指頭陀寄禪敬安，一八五一－一九一二年），但亦屬鳳毛麟角。從佛教的角度看，此為八識田中熏習久遠，業起現行所致，並不是什麼特殊的神祕經驗。只是畢竟對一般人而言，仍然不免好奇。

雪嶠圓信此一特殊的神祕經驗成為形塑、引導他個人生命的發展方向，甚至成為其內在衝突與矛盾的根源。比他那驀然從無到有的過人詩材更重要的是：這次特別的經驗開啟了雪嶠圓信與雲門宗的特殊連結。嚴格來說，雪嶠圓信這次開悟經驗其實並未說明他對雲門宗旨契證的程度。也因此可以說雪嶠圓信對雲門宗禪法的認識與宣揚，並非來自於理性比較選擇後的結果，而更接近個人情感的認同，背後的心態委實值得玩味。

雲門宗為禪門五家七宗之一，五家分別為臨濟宗、曹洞宗、溈仰宗、法眼宗、雲門宗，臨濟宗下另有楊岐派與虎丘派，合稱為五家七宗。雲門宗在宋初曾經風行一時，雲門宗的禪法向以高深難測聞名，夙有「氣宇如王」之稱。例如一字關、雲門三句。但宋代之後，禪門之中以臨濟宗一支獨盛，次為曹洞宗，雲門宗與其他宗派都衰微不興。

在觀匾開悟以後，雪嶠圓信嘗試復興傲岸孤高的雲門禪法，透過上堂說法、刊行語錄等方式宣揚雲門宗旨，因此當時的佛教叢林與知識分子莫不將雪嶠圓信與雲門禪法畫上等號。在種種公開的場合，雪嶠圓信總是不斷遭受是否將以雲門禪法開宗立派的質疑，表面上，雪嶠圓信總是堅定地拒絕，但其內心的拉扯可想而知。

興復雲門大業終未成

不過雪嶠圓信提倡雲門禪法，除了個人感情上的因素之外，還有一個特別的用意，那就是藉著提倡雲門禪法，警示其同門密雲圓悟傳法過於浮濫。崇禎十六年（一六四三年），他到雲門顯聖寺時，當時寺方住持，曹洞宗的三宜明盂（一五九九—一六六五年）請其上堂說法時，雪嶠圓信說道：

老僧昔拈靈樹，不為無由，蓋主法者不嚴，聊見此以見志。

靈樹指雲門文偃禪師（八六四—九四九年），主法者指其同門密雲圓悟禪師，嚴格來說，兩者時空相距數百年之遙，並列而稱有點不倫不類。雪嶠圓信與密雲圓悟同受法於龍池幻有，但兩人風格迥然不同，雪嶠圓信不輕易傳法，而密雲圓悟則兒孫遍天下。雪嶠圓信出身臨濟正脈龍池幻有門下，曾親蒙憨山德清、雲棲袾宏印可，詩名亦膾炙人口，自足堪與密雲圓悟分庭抗禮，然密雲圓悟門庭鼎盛，時相援引，雪嶠圓信遂難攖其門徒之鏑鋒，只好獨行別路。

雪嶠圓信的生平是一齣動人的戲劇，同時也是不斷面臨價值選擇的過程，其為一代宗匠自無可疑，但不能忘記他同時也是一名卓越的詩僧。當時的人曾經這樣形容雪嶠圓信：「晚年亦唯作詩作字，有問如何若何者輒怒罵，甘心絕嗣，不付一人。」相對於早年無所懼畏的參學過程，晚年的雪嶠圓信其實內心漾滿衝突與牽扯。「作詩作字」成為安撫內心的不二法門。

客觀來說，雪嶠圓信儘管於雲門法旨深有悟入，然因性情孤高，亦不屑接交時流，其既於臨濟尊宿龍池幻有門下開悟，另立門戶終難脫背叛師門之譏刺，衡諸密雲圓悟一脈當時之勢焰，雪嶠圓信徒倚一己之力，當然不可能另立門庭。雪嶠圓信又深藏行止，別開新局如何可能？就此數點觀之，自稱為「大明國裡第一等偷懶沙門」的雪嶠圓信，開宗立派的努力已經註定難逃失敗的宿命。

當雪嶠圓信深陷法門的爭持之際，其詩作與書法成為時人珍藏的重寶（例如順治帝），卻展現了另一種永恆價值的動人姿態。雲門宗的興復大業似乎註定必須留待晚清民初的虛雲大師來接手完成了。

蒼雪讀徹

禪機詩學，總一參悟

詩僧第一的蒼雪讀徹……

「詩僧第一」的蒼雪讀徹從詩證入不二法門，
參透「禪機詩學，總一參悟」文字三昧，
是明清之際佛教文學的巨擘，
但其求道的熱情、為法忘軀的堅貞信念，
體現所謂「如來一滴真骨血」，
才是一切文字音聲之所以動人的本源。

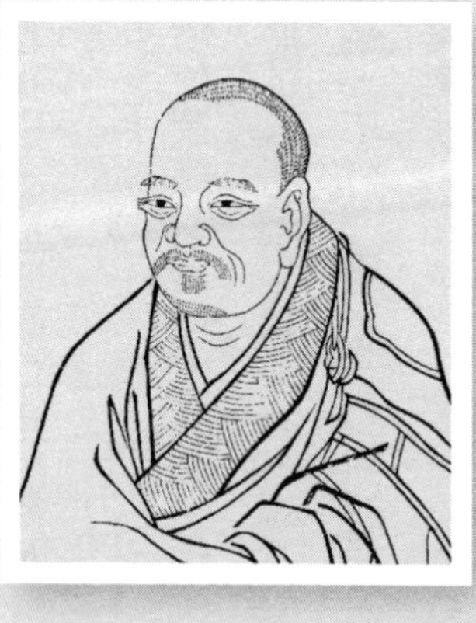

身為精進幢，孤硬不求雙；行道影相答，坐禪心自降。

——蒼雪讀徹〈壽老僧〉

晚明清初的佛教界不僅擅長詩文藝術的僧才輩出，而且是「高僧往往能詩」。尤有甚者，其能詩聲名太高，反而讓人忘卻其僧人本色，蒼雪讀徹就是著名的例子。

蒼雪讀徹詩格之高，連當時詩壇領袖吳梅村（一六〇九—一六七二年）、王士禎（一六三四—一七一一年）都稱羨不已，甚至稱蒼雪讀徹不只是「僧中第一」，更是「詩中第一」。在中國文學史上，絕對是個異數，即使大名鼎鼎的詩僧，例如貫休（晚唐）、參寥（北宋），笑隱大訢（元）等人，都無法與蒼雪讀徹在詩壇享有的崇高聲譽相提並論。

弘揚華嚴　東南義虎

不過，在詩名的盛譽之外，蒼雪讀徹絕對是個「本分衲子」。蒼雪讀徹童貞入道、精持毘尼、終身講經不輟，連圓寂都是因為應當世大律師見月讀體之請，在寶華山隆昌寺講《楞嚴經》，過於勞累，遂往生兜率。蒼雪讀徹絕非僅是一代詩僧，終其一生，蒼雪讀徹「為法忘軀」，為佛法、為眾生、利教護生的熱情，絕不在其雲南同鄉見月讀體之下，「如來一滴真骨血」當之無愧。

蒼雪讀徹，俗姓趙，雲南呈貢人。幼時隨父出家，又至雞足山寂光寺依止水月儒全（一五四五—一六〇九年），弱冠參雪浪洪恩於蘇州望亭。未一年，雪浪洪恩入滅，蒼雪讀徹從雪浪洪恩弟子巢松慧浸，聽講唯識，茫無頭緒。但除夕賦詩，以「一歲若教無此夜，百年哪得暫閒人」之句震驚四座，能詩之名大噪江南叢林。後從一雨通潤聽講，心開意解，自後一意追隨一雨通潤，講筵無所不至。

蒼雪讀徹後來住持蘇州支硎山中峰寺，一意弘揚唐代清涼澄觀之學，臨命終前，屢以未及終講《華嚴疏鈔》為念。從法脈傳承來看，華嚴學南方系一代宗師雪浪洪恩振起之後，融禪、華嚴、唯識為一體。雪浪洪恩之後，弟子巢松慧浸以說法見長、一雨通潤以注經鳴世，再傳弟子蒼雪讀徹、汰如明河亦頭角崢嶸，一時四人並稱，有「巢、雨、蒼、汰」之目，東南義虎盡出雪浪洪恩一門。從雪浪洪恩開始，即以詩文自許，其門人又與江南的士人往來無間。雪浪洪恩之後，最能體證此精神趨向的無疑首推蒼雪讀徹。

蒼雪讀徹雖然師事一雨通潤極為恭謹，門下講席無一不至，可謂盡得神髓，可惜佛學相關著述傳世不多，不過其講經說法備受眾家推崇，這點也與雪浪洪恩神似。蒼雪讀徹登壇講經說法不計其數，不過他始終念茲在茲的還是清涼澄觀的《華嚴疏鈔》。

南方華嚴　發聲代言

蒼雪讀徹曾與汰如明河訂下分講《華嚴疏鈔》之約，汰如明河曾就其所以發心與蒼雪讀徹共講《疏鈔》的原由說道：「白文經傳演雖盛，然昧旨者多，得旨者少，我二人若不扶教觀宗旨，日久日衰，必至邪說亂行矣。」也就是說，當時華嚴學實有百家爭鳴之勢，雪浪洪恩一脈始終主張清涼澄觀的《華嚴疏鈔》，具有無可取代的正統性。

從佛教史的觀點來看，對汰如明河與蒼雪讀徹而言，此際真正最主要的論敵有二，一是五台山為根據地，以月川鎮澄為代表的北方華嚴學；另一則是禪家的華嚴，後者主要推尊李通玄（六三五—七三〇年），往往不喜清涼澄觀；而前者雖以清涼澄觀為歸，但與雪浪洪恩一門的說法卻往往南轅北轍。汰如明河與蒼雪讀徹發心終講《華嚴疏鈔》自是東南法門盛事，崇禎十三年（一六四〇年）汰如明河圓寂，享年五十三，自此之後，蒼雪讀徹成為南方華嚴學的真正發聲者與最佳代言人。蒼雪讀徹曾有詩專記此事，詩云：

指石為盟互主賓，兩山法食轉雙輪。百千萬裡爾一個，五十三中我兩人。
蜜女欲鈎牽唼舌，魔王火聚指投身。百城參遍知何處？煙水茫茫始問津。

此詩發首謂蒼雪讀徹與汰如明河發心共講《華嚴疏鈔》，彼此互為賓主問答往還。第三句以下全用《華嚴經・入法界品》的典故，以善財童子譬擬汰如明河與蒼雪讀徹自身，比喻二人荷擔振起華嚴學法脈傳承的重責大任。蜜女、魔王亦為善財童子五十三參的導師，此處亦比喻即使前途多艱，充滿考驗，弘揚大法之心定不退轉。善財童子百城煙水南詢廣參之後，煙水茫茫當中的渡口若隱若現，苦海渡人之舟自始發端，心頭一點靈明全部託寄華嚴法門，尤其是清涼澄觀，還有雪浪洪恩、一雨通潤一脈相承的法乳之恩。

心懷故國　佛門節義

蒼雪讀徹雖名滿天下，但絕不攀緣，除了外出講經之外，大半時間蟄居山中，亦為他增添不少傳奇色彩。一六四四年滿清入關、一六四五年南京陷落，蒼雪讀徹的舊友多半皆屬明朝遺民，對滿清政權多半不懷好意，更不可能去攀附新朝權貴。蒼雪讀徹來往最契的法門友人，早年為汰如明河，兩人相約共演《華嚴疏鈔》，惜其早逝；而晚年則與寶華山的見月讀體與漢月法藏門下高弟靈巖繼起（一六〇〇—一六七六年）關係最為融洽。

見月讀體與蒼雪讀徹，同樣來自偏遠的雲南，同樣享有崇高的聲譽，並稱「二讀」。見月讀體雖然較蒼雪讀徹年輕，但蒼雪讀徹對這位雲南同鄉佩服不已。蒼雪讀徹詩贈見月讀體，詩云：

金剎恢弘選律儀，先朝龍藏兩頒施。從來不識江山改，問道何年國步移。
一念可知成淨土，剎那已自轉須彌。誰人傑出千華社，四海聞名老範師。

明清之際時局動盪不堪，但見月讀體於此概不關心，只是一意以佛法眾生為念，誠心所致，須彌可轉。見月讀體《一夢漫言》當中曾經詳記，見月讀體面對滿清軍人不卑不畏，反而贏得清軍的尊敬與皈依。大有泰山崩於前而色不改的氣概。「從來不識江山改，問道何年國步移」兩句頗能道其精神。做為律宗千華派的領袖，見月讀體對佛法堅定的信念，讓蒼雪讀徹深為感動。

不過，見月讀體對於明清一視同仁的態度，蒼雪讀徹未必能夠認同。蒼雪讀徹始終對滿清政權不懷好意。明清之際，佛教叢林特別標舉「以忠孝作佛事」，也就是強調易代之交的節義情操與佛門同出一轍，靈巖繼起、覺浪道盛都是箇中知名人物。相對於見月讀體的冷岸不群，蒼雪讀徹顯然與靈巖繼起更加意氣相投。蒼雪讀徹集中為靈巖繼起而作之詩為數不少，以下此詩最能見二人莫逆之情。詩云：

淮叟滇翁原莫逆，法門兄弟舊親知。入門不必輕彈指，一笑相看大破疑。
凜若眉梢寒掛劍，卓然身外立無錐。生平小善何曾有，也愧逢人說項斯。

「淮叟」，靈巖繼起之謂；「滇翁」，蒼雪讀徹夫子自道。看來兩人相識已久，此際又因政治認同接近，兩人格外融洽。大慧宗杲的「眉間掛劍，血濺梵天」典故不僅是形容禪法猛利，明清之際亦往往成為強調佛門節義的隱喻。末尾兩句形容靈巖繼起四處宣說蒼雪讀徹對故國的效忠與眷念，兩個心懷故國的叢林長老針芥相投，盡在不言。

還來人間　生死不怕

但不論見月讀體或靈巖繼起，畢竟都是佛門龍象。蒼雪讀徹雖也與錢謙益、吳梅村等當世大詩人往來無間，但馨香一瓣始終在賢首奧義，其詩作氣骨高華，沉著痛快，絕無文人軟弱矯飾之態。蒼雪讀徹臨命終時，其辭世偈至為感人，其曰：

> 我不修福，不生天上。
> 我不造罪，不墮地下。
> 還來人間，生死不怕。
> 有一寶珠，欲求善價。
> 別開鋪面，娑婆世界。

無修無證本來即是佛法最高境界，雪浪洪恩一脈往往不強調西方淨土，而主張生死海中自在無礙。寶珠為佛性之喻，若能明心見性，則能入火不燃，入水不濕。娑婆世界雖然充滿缺陷，但若能依止大法，又何憂何懼。蒼雪讀徹從雲南到江南，如同善財童子求道南詢，最後在講期中圓寂辭世，即使此世惡濁，仍然來去無礙，預示乘願再來的悲心宏願。

「詩僧第一」豈能寫盡蒼雪讀徹心事，蒼雪讀徹為從詩證入不二法門，參透「禪機詩學，總一參悟」文字三昧的一代高僧。蒼雪讀徹的詩，數百年後讀來，仍然鏗鏘有力、擲地有聲，與見月讀體的自傳《一夢漫言》可謂相互輝映，「二讀」不只是此一時期佛教文學的雙璧，更在中國文學史上散發出動人的神采，堪稱一代大手筆佳構，而這背後，永遠不能忘記的是，二人求道的熱情與為法忘軀的堅貞信念，才是一切文字音聲之所以動人的本源。

徹庸
周理

天地分明一夢中

滇南禪匠・・・・徹庸周理

徹庸周理依《華嚴經》善財童子南詢德雲比丘之典故，
開創了雲南妙峰山德雲寺，而被視為「德雲再來」；
他也曾赴南京請藏，
在彩雲國之南並弘曹洞、臨濟，
使得「滇南祖燈再燄」。

天地分明一夢中，夢回世界總虛空。依然一色乾坤象，非色非空就此峰。

——徹庸周理〈妙峰即景・夢庵〉

成於雲南一代禪匠徹庸周理之手的妙峰山德雲寺，眾所周知，當然是以《華嚴經・入法界品》中善財童子煙水南詢，禮德雲比丘問菩薩行的典故為根據。在雲南佛教史上，徹庸周理往往也被視為「德雲再來」。

事實上，「妙峰山」之名似乎俯拾即是，北京近郊就有一座妙峰山。或許做為佛教聖山的名氣，沒有任何一座妙峰山的名聲，足與普陀山、清涼山（五台山）相提並論，才會無所不在，無法定於一尊；但這同時，卻也反映了華嚴義海的深入人心與無遠弗屆。

有趣的是，不同地方的妙峰山，各有不同的重要性。例如，北京的妙峰山，以節慶民俗著稱，頗受學界重視，尤其是在中國民俗學之父顧頡剛（一八九三—一九八〇年）的宣揚之下，一躍而成中國民俗學的聖地。而位居雲南的妙峰山，則因為出了一代高僧徹庸周理，在雲南佛教史上擁有一席之地。

由於特殊的地理位置使然，佛教中的漢傳、藏傳、南傳等不同傳承各自擁有一片天空，佛教史上往往稱徹庸周理「滇南祖燈再燄」，也就是說徹庸周理為禪宗在彩雲國之南留下了不絕如縷的一絲命脈。

徹庸周理，俗姓杜，雲南榆城人。生於萬曆十九年（一五九一年），捨報於崇禎十四年（一六四一年），世壽五十一，僧臘三十九。徹庸周理九歲喪父，十一歲入雞足山大覺寺，禮遍周（可全禪師）祝髮出家，初號徹融，祧曹洞一脈，後往姚安青蓮寺禮密藏道開，啟其參禪之機，並結識雲南宿儒陶珽，論及《華嚴》與《中庸》，遂易號徹庸。天啟六年（一六二六年）創妙峰山德雲寺，崇禎七年（一六三四年），偕徒洪如（字無住，一五九二—一六六四年）訪天童寺，嗣法密雲圓悟，著有《雲山夢語》、《曹溪一滴》等。

德雲再來　兩燈並弘

在名家如林的明清佛教史上，徹庸周理絕非知名人物。不過近年雲南妙峰山德雲寺刊行《妙峰山志》，收錄許多珍貴的資料，又召開相關的學術會議，徹庸周理似乎又重回世人眼前。客觀來說，徹庸周理兩燈並弘（曹洞、臨濟）深於禪定、長於藝文，這些在當時都不算特別；從文化史的角度看，能讓徹庸周理自成一家的立足點，最主要在於能從佛教思想的角度對夢提出深刻的見解，其著作《雲山夢語》（現只存「摘要」部分，故稱之為《雲山夢語摘要》）謂之為中國夢學史上的巔峰之作，當不為過矣。

眾所周知，夢對現代文學藝術創作具有舉足輕重的影響力。佛教對夢關注甚深，在《雲山夢語摘要》一書當中，徹庸周理運用唯識學「轉識成智」與「三界唯心、萬法唯識」的基本預設，對夢的成因、預兆有詳盡的分析，並就如何以夢做為修行法門的過程細加分析，徹庸周理在《雲山夢語摘要》中大聲宣告「夢即佛法」、「會得一夢字，學道之能事畢矣」。可說《雲山夢語摘要》結合佛洛伊德（Sigmund Freud, 1856-1939）之《夢的解析》與密教睡夢瑜伽兩者的特徵，徹庸周理在世界夢學史上，留下不可磨滅的巨大足跡。

自從日本心理學家河合隼雄（一九二八—二〇〇七年）大力闡揚日本華嚴學僧明惠上人（一一七三—一二三三年）的《夢記》一書之後，《夢記》遂成為世界夢學史上的重要經典。相形之下，《雲山夢語摘要》知音者稀，仍然有待於讀者關愛的眼神。

崇禎七年，徹庸周理請藏南京，時密雲圓悟開法寧波太白山天童寺，徹庸周理往謁之，留下一段有趣公案，值得參究。

密雲圓悟見徹庸周理劈頭就問：

「萬里至此，費卻多少草鞋錢？」

徹庸周理答：「我乘船而來。」

問：「來此做什麼？」

答：「有事借問得否？」

問：「你在何處？」

答：「和尚還見麼？」

密雲圓悟擬取杖，周理便喝。

圓悟擬施棒，周理接下，送一送。

密雲圓悟曰：「做什麼？」

周理答：「和尚要杖，便送還。」

密雲圓悟大喜，遂許入室。

從這個公案來看，在參謁密雲圓悟，徹庸周理已然證悟，兩人的對話並沒有太多交集，此際儀式意義大於實質意義。密雲圓悟原本不將徹庸周理放在眼裡，以為此不過是一般的仰慕者而已，沒想到徹庸周理的工夫也不含糊。兩人關於地方問答其實是開示禪境，據徹庸周理說，他在赴天童前夕，曾夢及天童老人（當即密雲圓悟）同舟共遊。密雲圓悟發語在於震懾異邦之客，但徹庸周理「乘舟而至」的回答，令人想起經典當中「乘法身船，至涅槃岸」，以及「苦海常做度人舟」的說法，意謂徹庸周理乃為弘揚佛法而至，非徒以自身為念而已。末尾徹庸周理先舉白旗示弱，意謂願聽和尚吩咐，無怪乎密雲圓悟大喜過望。

事實上，除了相關人士的證言之外，徹庸周理幾乎終身不曾提及密雲圓悟之名。因此，密雲圓悟的印可對徹庸周理而言與其說是驗證，無寧說是一種保障，密雲圓悟的印可，讓徹庸周理得以在雲南一隅保存骨血，得以在雲南地方堅持自己的特色。

其次，徹庸周理曾雲水江南，與江浙士人往來無間，其在當時聲名遠播的根由之一，亦由於其深刻的文化底蘊廣獲江南人士認同，而這一切，為徹庸周理易名的陶埏，具有不容忽視的關鍵作用。

開法妙峰　支許之契

陶珽，字紫閬，號不退，別號稚川先生、天台居士，姚安人，曾受業李卓吾，號稱龍湖高足，與董其昌[1]、陳繼儒[2]、袁中郎諸名士交好，有《閬園集》行世，編有《續說郛》等書。他不但為徹庸周理易名，且為其刊刻著作、資助其行腳江南。徹庸周理開法妙峰，得其力最多；其於徹庸周理，護持不遺餘力。陶珽雖然長於徹庸周理近二十歲，但二人頗有支、許之契[3]，徹庸周理之所以進入明清知識界的話語脈絡，陶珽的引介當居首功。

陶珽對徹庸周理青眼有加，主要還是來自於徹庸周理真誠求道的熱情與英挺高明的才具。以下徹庸周理的〈夜坐水邊〉一詩略寫其懷抱於一端，值得品味，詩云：

一榻蒲團一篆煙，孤孤相對兩閒閒。
忽然覷破水中影，廓爾身如碧落天。
何處蟬聲鳴唧唧，隔鄰石咽冷涓涓。
明月不隨流水去，夢回高臥白雲間。

這是一首典型的修行詩，前半寫修，後半寫悟。開篇強調自己修證之勤，孤煙之畔，蒲團之上，驀地前後際斷，法身獨露，可謂「法住法位」。五、六句則寫回望世間，或可言「世間相常住」。結尾處「明月」則為清明本體之喻，全句意謂不隨境轉，參透如夢三昧，娑婆世界即同常寂光淨土。這或許是徹庸周理看盡江南繁華景色以後，依舊返回高居白雲之間的雲南故鄉，內心堅定志向的明確表白。從「世事如夢」到「至人無夢」，讓妙峰山恆久散發佛法的光輝，應是徹庸周理及其門人縈繞在心的夢想吧！

1 董其昌（一五五五—一六三六年），字玄宰，號思白、思翁，別號香光居士，松江華亭（今上海松江）人。明朝政治人物、書畫家。

2 陳繼儒（一五五八—一六三九年），字仲醇、眉公，號麋公，長於詩文書畫，與董其昌同時擅名，與擔當普荷是忘年之交。

3 晉高僧支遁和高士許詢的並稱。兩人友善，皆善談佛經與玄理。

擔當普荷

青山頂上冷題名

滇中詩畫名僧‧‧‧‧擔當普荷

與蒼雪讀徹並稱明清詩僧雙璧的擔當普荷，
是晚明書畫重鎮董其昌、文人陳繼儒的門人，
與旅行家徐霞客更是終生知己，
詩書畫三絕，尤其書畫「深得玄宰三昧」，
在雲南佛教史寫下一頁傳奇。

廟堂鐘鼎太崢嶸，不紀勳華鑄不成。可愧老僧無偉烈，青山頂上冷題名。

——擔當普荷〈題畫〉

抗日戰爭時期，當時中國中央政府遷都重慶，一時之間知識菁英雲集大後方，誕生了許多動人的傳說與文學作品，例如廣為流傳的學生小說《未央歌》，西南大後方不僅是政令中心，更是文化燈塔，散發出動人的光芒，不僅耀眼當時，乃至於傳頌後世。類似的情形，晚明清初其實也不遑多讓。

陳垣[1]寫《明季滇黔佛教考》的用意，正在於借古諷今。西南地方在晚明清初一度也是眾人目光的焦點，一是驍勇善戰的兵將，一是高度凝煉的文化成就。以佛教來說，禪宗雙桂派的開山祖師破山海明、夢學史上別開新猷的徹庸周理、一代詩家冠冕的蒼雪讀徹皆來自西南地方，與蒼雪讀徹並稱明清詩僧雙璧的擔當普荷（一五九三—一六七三年），亦是雲南佛教史的一頁傳奇，堪稱中國佛教詩歌史上不能忘記的重要人物。

前朝遺民　耀眼文壇

擔當普荷，俗家姓唐，名泰，字大來，生於雲南晉寧的世族之家，祖籍浙江淳安。少年曾隨父北上，後應試不第，南遊吳、楚等地，拜當時名士董其昌、陳繼儒為師，曾經拜入雲門顯聖寺湛然圓澄門下。三十九歲歸滇，絕意仕進，專心奉養母親。崇禎十一年（一六三八年），在雲南結識知名的旅行家徐霞客（一五八七—一六四一年）。明清易代之後，又曾一度參與復明運動，事敗不果。順治四年（一六四七年）棄俗出家，禮徹庸周理高足無住洪如（一五九二—一六六四年）剃髮出家。長年結茅雞足山，康熙十二年（一六七三年）於大理感通寺示疾坐化，後建塔於其寺。

擔當普荷雖然於佛法熏習久遠，但其出家機緣亦與國變有關，佛學相關著作不多，且其著作充滿故國之思，從而視其為出家遺民之一員亦無不可。但在文化史上，擔當普荷有幾層無可取代的重要性，首先，他是晚明書畫重鎮董其昌、文人陳繼儒的門人，詩文書畫無一不精，批評家往往說他「深得玄宰（董其昌，字「玄宰」）三昧」，成為當時江南文人文化在西南地區無可取代的代言人；其次，徐霞客在著名的《徐霞客遊記》中屢屢言及唐泰（當時尚未出家），流風餘韻，迄今依然不衰。雖然當時高僧往往能詩，但得入當時詩家法眼的詩僧，卻是鳳毛麟角，一代華嚴大家蒼雪讀徹之後，首推擔當普荷，而兩人都來自雲南。

禪而無禪　詩而無詩

擔當普荷雖是一介遺民，但佛法造詣亦非草草。身兼高僧詩人雙重身分，對詩禪關係別有會心，特別是〈詩禪篇〉一詩做為明清詩禪關係的代表性文獻，具有高度的理論意義，屢為學者稱引。其詩云：

> 太白子美皆俗子，知有神仙佛不齒。千古詩中若無禪，雅頌無顏國風死。
> 惟我創知風即禪，今為絕代剖其傳。禪而無禪便是詩，詩而無詩禪儼然。
> 從此作詩莫草草，老僧要把詩魔掃。哪怕眼枯鬚皓皓，一生操觚壯而老。
> 不知活句非至寶，吁嗟至寶聲韻長。洪鐘扣罷猶泱泱。君不見，嚴滄浪。

這首詩是中國文學理論史上的一篇重要文字。起首謂李白、杜甫（這裡泛指唐詩）

並非詩的極則，擔當普荷論詩主張尚古崇雅，標舉風雅頌（《詩經》）著重於詩歌的音樂性本質。「活句非至寶」表明他對津津計較鍊字工夫（特別是宋詩）不以為然，主張詩歌最重要的本質在於綿長的聲律情調，餘味無窮才是一首好詩。嚴滄浪，即嚴羽，其著《滄浪詩話》是以禪喻詩的代表著作。全詩眼目在於「禪而無禪便是詩，詩而無詩禪儼然」一句。說明詩禪相通的特質其一在於不說破，其二則在於辯證性思維的靈明作用，一出之於心的妙覺。

擔當普荷打通詩禪兩端，妙手獨到，詩畫點染，莫不高明。綜觀擔當普荷詩集作品，以〈題畫〉與〈山居〉兩類，前者反映出香光（董其昌，別號「香光居士」）法度，後者無疑則是道人本色的寫照。如果是山水之類主題的畫作，兩者也可打做一片。例如以下這首詩，其曰：

廟堂鐘鼎太崢嶸，不紀勳華鑄不成。
可愧老僧無偉烈，青山頂上冷題名。

此詩名曰〈題畫〉，實則詠懷。全詩語意明白曉暢，幾同口語，幾乎不用解釋。前兩句意謂自己已不可能建功立業，後半則自言今後人生當安居山林，專意禪修。全詩雖然透露出深刻的無奈，卻又尚未完全放棄希望，世間繁華起滅皆已看盡，末句「冷」之一字是主觀內心與客觀風景的雙層疊影，青山一隅靜觀前塵往事，如露亦如電，如夢幻泡影。不再有干戈殺伐，也沒有華夷之辨。

迦葉之區　擔當之室

安靜、清冷、但絕不寂寞，因為擔當普荷置身於大迦葉尊者道場雞足山。如同月川鎮澄與五台山、永覺元賢與鼓山湧泉寺兩者的形象密不可分一般。一則因為《徐霞客遊記》的影響極強，徐霞客在雲南時幾乎與唐泰朝夕相處；其次則是因為出家之後的擔當普荷，久住雞足山。據說，大迦葉尊者在雞足山入定，等待彌勒佛的重新降世。透過擔當普荷的一再題詠，雞足山的姿態展露在世人眼前。例如擔當普荷以下此詩，關於雞足山如是說道：

攜笻扣石欲尋門，天下名山此獨尊。

只讓中原推泰岱，更從兩極渺崑崙。
霜高鐵瓦冷更冷，歲久金襴存未存。
倒卻剎竿無祖意，莫云迦葉少兒孫。

全詩前半環繞雞足山的神聖性根源立言，首句當謂尊者蹤跡難覓難尋，此正雞足山迴出群山之所在。唯獨略遜於中原的泰山，崑崙山更非其儔，至於佛教四大聖山如何則避而不談。後半則著眼於佛法存續，金襴原指金縷袈裟，此處以衣喻法。霜瓦則用以喻修為境界之高，非凡夫所能見，結尾則以禪法自任，正法眼藏，舍我其誰。

山撫慰了擔當普荷飽經風塵的心靈，更成就了他高明的藝術境界。更重要的是讓擔當普荷在佛法中找到安身立命的方向。西南地方雖然與江南遠隔千里，但精神一徑相通。對擔當普荷而言，佛法與青山實是同體異名，在煙雲變幻的天邊，冷視人世的爭持、翻騰，還有那旋起旋滅的欲望與權力。

1 陳垣（一八八〇—一九七一年），廣東新會人。中國宗教史研究巨匠，歷任輔仁大學、北京師範大學校長，燕京大學「哈佛燕京學社」首任社長。與錢穆、呂思勉、陳寅恪並稱為「現代四大史學家」。

髡殘
石谿

遺墨蒼龍破飛壁

……一代畫僧髡殘石谿

名列「清初四畫僧」的髡殘石谿，
曾從學高僧覺浪道盛，
禪修勇猛精進，持戒清淨謹嚴，
對髡殘石谿而言，山、畫、禪三者密不可分，
以筆墨作佛事的巨大成就，
不僅是中國繪畫史的驕傲，
更是禪宗對中國文化的巨大貢獻。

黃鶴無樵此道微，溪邊片石獨傳依。畫師少愜山僧意，遺墨蒼龍破飛壁。

——程正揆〈題石公畫〉

明清之際僧人的文化造詣令人驚豔，詩文書畫無一不精；特別在繪畫方面，八大山人[1]、髡殘石谿（一六一二—一六七三年）、漸江弘仁[2]、石濤道濟[3]在中國繪畫史上享有崇高聲譽，並稱「清初四畫僧」。西方藝術史學者對四人的作品稱賞不已，譽之為「變形主義」的巔峰之作。事實上，在所謂「四畫僧」的行列之外，尚有擔當普荷、無可弘智（方以智）等人的詩畫亦膾炙人口。

中國藝術史上擅於繪事的僧人固然無代無之，但如同明末清初一般，質量俱高的情形仍極為罕見，不論從佛教史或美術史的角度來看，清初四畫僧及其作品的確是後世難以企及的「黃金時代」，在中國美術史上留下輝煌的足跡，以及後人無盡的讚歎。

泣求出家　堅持本色

清初著名的「四畫僧」當中，八大山人、石濤道濟都是明朝宗室，漸江弘仁在明亡後從事抗清運動，其出家之舉近乎隱遁，嚴格來說，以上三人出家為僧多少都有點不得已，於佛教護民利生本懷究竟有多少體會，不免令人懷疑，如果不是遭逢明清鼎革這種「天崩地解」的時代變局，是否仍會現比丘相，恐怕誰也拿不準。相形之下，髡殘石谿出家遠在明清鼎革之前，他不但泣求其父成全出家夙願，且曾從學於一代高僧覺浪道盛，深入禪定三昧，其內學修為絕非泛泛者可比。

髡殘石谿，俗姓劉，湖南武陵人，生於萬曆四十年（一六一二年），二十七歲（一說二十歲）被緇出家，曾追隨覺浪道盛，但堅不嗣源流，卒於康熙十二年（一六七三年），享年六十二，僧臘三十六（或四十三）。

髡殘石谿雖然遭逢天崩地轉的時代變局，但深居簡出，不輕與人接，功課不廢，堅持僧家本色。據說他誕生之際，母親「夢僧入室」，其幼時「喜讀佛書」、「不近女色」，髡殘石谿甚至說他自己「本不知畫，偶因坐禪後悟此六法」，綜此觀之，髡殘石谿於佛法早已熏習久遠，髡殘石谿自謂生平以筆墨作佛事，不通佛法，終究無法觀透髡殘石谿心事。

髡殘石谿雖身處鼎革之際，具有強烈的故國之思，但於禪修始終勇猛精進，持戒清淨謹嚴，不曾或廢。坐破蒲團，筆放靈光，二者交融互攝，佛法仍居箇中關鍵。某些研究者囿於成見，完全從明遺民的家國之思來認識髡殘石谿，對其作品當中濃厚的佛心禪境竟然輕輕看過，「冬瓜印子」、「證龜成鱉」之譏，恐怕在所難免。

推崇巨然　以畫參禪

雖然髡殘石谿與當時文章鉅公，例如錢謙益、周亮工（一六一二—一六七二年）、錢澄之、程正揆（一六〇四—一六七六年）有所交接，但生平相關資料仍然不多，據說著有《浮查詩文集》、《大歇堂集》，可惜皆散佚不存，目前認識髡殘石谿最好的途徑，仍然是透過他的繪畫作品與其上的題識。

現今髡殘石谿存世的作品以山水畫為大宗，例如《報恩寺圖》、《蒼山結茅圖》、《蒼翠凌天圖》、《山高水長圖》、《游山叩宇圖》等佳構，縱使是批評家亦對其筆下山水高致奧境讚賞不已。例如程正揆：「深得元人大家之旨，生辣幽雅，直逼古風。」秦祖永（一八二五—一八八四年）：「筆墨蒼莽高古，境界天矯奇辟。」張庚（一九一一—二〇〇三年）：「奧境奇辟，緬邈幽深。」

髡殘石谿不只一次表示對巨然[4]、王蒙[5]、黃公望[6]、董其昌等前輩畫家的推崇。特別是五代畫僧巨然，顯然是髡殘石谿認同追尋的原型。或許可以說：髡殘石谿以巨然為基礎，以自然山石林泉為滋養，以山水畫傳統為法度，變化規矩。例如其題《晴霞藍天圖》一詩曰：

年來學得巨公禪，草樹湖山信手拈。
最是一峰孤絕處，晴霞映照蔚藍天。

「巨公禪」指髡殘石谿效法巨然以畫參禪，此是髡殘石谿終身心懷所在，第二句謂自在隨心，圓具現成，無所不有。「一峰孤絕」可視同「獨坐大雄峰」修辭傳統的和聲複衍，指絕對自我的充分認識與實踐，末句即森羅萬象一時炳現。此詩雖是題畫，但不論意象、修辭、結構、主題、精神境界都與禪林傳統一脈相通。「禪、畫不二，以禪喻畫」，是中國藝術史在晚明清初的一大特徵，髡殘石谿一生體現無遺，可謂最佳「弄蛇手」。

髡殘石谿的題畫文字風格約有二端，一則步武傳統詩韻，在謹嚴的格律中寫景抒情，說明髡殘石谿的詩材畫藝淵源有自；另一則不拘格調，自寫懷抱。特別是後者，時出之以諧趣，但絕不流於鄙俗，氣骨自然高華，毫無做作之態，在明清禪林中自成一格，文字功夫堪稱第一流。例如其寫《物外田園書畫》第五頁曰：

終日在千山萬山中坐臥，不覺如人在飯籮邊忘卻飢飽也。若在城中，日對牆壁瓦礫，偶見此一塊石、一株松，便覺胸中灑然清涼，此可為泉石膏肓，煙霞痼疾者語也。禪者笑余曰：「師亦未忘境耶？」余曰：「蛆子！汝未識境在！西方以七寶莊嚴，我卻嫌其太富貴氣。我此間草木土石卻有別致，故未嘗願往生焉。他日阿彌陀佛來生此土未可知也！」禪者笑退。

這段文字以幽默的口吻詮釋禪者絕對自力的豪氣干雲，結合了中國傳統的自然審美觀，可謂禪宗自然哲學的具體展現。「此地自有別致」的說法，不由得令人想起六祖惠能「東方人造罪，念佛求生西方；西方人造罪，念佛求生何國」的禪者豪情，對於淨土經典當中描寫的七寶樓台，若付之實現，的確富貴逼人，以此拒絕西方淨土，其根據卻在於草木土石的可親可愛。

髡殘石谿這段話的「牆壁瓦礫」意指城市，城市就是人為工巧的集合體，在追逐名利的同時，本性也逐漸迷失，草木土石之所以令人胸中灑然清涼，無非令人「狂心頓歇」，草木土石的幽雅清趣，魅力無窮，恐怕連阿彌陀佛也無法抗拒。髡殘石谿這段話雖然篇幅不長，為禪門山居詩、山水畫一類文藝作品，做了絕佳的理論說明。語帶戲謔，但意味雋永，筆者以為這才是髡殘石谿題畫文字真正的本領所在。

推崇巨然 山水為宗

髡殘石谿的白話詩有寒山子（唐代詩僧，六九一—七九三年）風味，其深諳此道，造境不同凡響，例如其題《在山畫山圖》一詩曰：

住世出世我不行，在山畫山聊爾爾。蔬齋破衲非用錢，四年塗抹這張紙。
一筆兩筆看不得，千筆萬筆方如此。乾坤何處有此境，老僧弄出寧關理。
造物雖然不尋聞，至人看見豈鄙俚。只知了我一時情，不管此紙何終始。
畫罷出門小躋攀，爽爽精神看看山。有情看見雲出岫，無心聞知鐘度關。
風來千林如虎嘯，嚇得僧人一大跳。足下誰知觸石尖，跛跛蹯蹯忍且笑。

歸到禪院對畫圖，別有一番難告報。從茲不必逾山門，澄墨吻毫窮奧妙。

這首詩的口吻幾與說話無異，文意清楚明白。大意謂住山畫僧以煙雲供養，抒情寫性，精神困頓時出門看山，卻聽聞虎嘯，嚇得逃回禪院，自己想來亦覺好笑。此詩雖然有陶淵明、寒山、王梵志（生卒不詳，唐代白話詩僧）、白居易等人的影子，但似乎皆可以置之不論，但在輕鬆有趣的語氣之外，我們必須注意他「四年塗抹一張紙」、「千筆萬筆方如此」的苦心經營。

山，不但是髡殘石谿終身摹寫的題材，也是他舒展手腳的方寸天地，當然也是涵養靈心的極樂淨土。對髡殘石谿而言，山、畫、禪三者其實密不可分，在繪畫的領域，髡殘石谿以筆墨作佛事的巨大成就，不但是中國繪畫史的驕傲，更是禪宗對中國文化的巨大貢獻。

1　八大山人（一六二六—一七〇五年），名朱耷，江西南昌人，為南昌寧獻王朱權九世孫。明滅亡後，國毀家亡，落髮為僧，法名傳綮，字刃庵，也曾用雪個、個山、個山驢、驢屋、人屋、道朗等號。

2 漸江（一六一〇—一六六四年），俗姓江氏，名韜，江南徽州歙縣人（今安徽省歙縣）出家後取法名弘仁，號漸江學人、漸江僧，又號無智，梅花古衲。

3 石濤（一六三〇—一七〇七年），俗姓朱，名若極，小字阿長，廣西人，其父靖江王朱亨嘉，於崇禎帝自縊之後，為反抗異族之統治，在廣西桂林自稱監國，因勢力單薄，被丁魁楚、瞿式耜所擒，旋被殺害，石濤年幼託於太監，長成後出家，法名元濟，一作原濟，又名道濟，字石濤，別號有苦瓜和尚、零丁老人、濟山僧與瞎尊者等。

4 巨然（生卒不詳），五代宋初畫家，江寧（今江蘇南京）人，擅長畫山水。

5 王蒙（一三〇八—一三八五年），字叔明，浙江吳興人，曾隱居於浙江的黃鶴山，因此自號黃鶴山樵，又署黃鶴山人、黃鶴樵者、黃鶴山中樵者；年老時常出入寺廟等，所以又署名香光居士。王蒙是元代初年重要書畫家趙孟頫（一二五四—一三二二年）的外孫，父親王國器（一二八四—？）也擅長書畫。

6 黃公望（一二六九—一三五四年），字子久，號大癡、大癡道人、一峰道人，平江路常熟州人，元朝畫家。

石濂大汕

十州三島沙門碼頭總舵主

嶺南高僧石濂大汕越南弘法

石濂大汕是明末清初知名的詩畫僧，撇除爭議的行事作風不論，擴建澳門普濟禪院，是遺民僧中對澳門佛教影響最大的，而橫越海洋的試鍊，遠赴越南中部順化弘法，可與東渡日本，開拓黃檗宗一脈的隱元隆琦媲美，記錄在越見聞的《海外紀事》，更是對了解佛教在越南的珍貴史料。

尚口窮多致，言行遠在文。素襟終浩浩，花葉正紛紛。

——石濂大汕〈客中廣興〉

《楞嚴經》中，觀世音菩薩悟道的入手在耳根圓通，聽海潮音證悟，入流亡所；《華嚴經・入法界品》的南海觀音的形象深植中國。在〈普門品〉中：「若為大水所漂，稱其名號，即得淺處。若有百千萬億眾生，為求金銀琉璃車磲瑪瑙珊瑚琥珀真珠等寶，入於大海，假使黑風吹其船舫，飄墮羅剎鬼國，其中若有乃至一人，稱觀世音菩薩名者，是諸人等皆得解脫羅剎之難。」觀世音菩薩原具有海洋信仰的性格。

佛教對海洋別有會心，開創種種層次多元、意涵豐富的海洋論述。婆娑世界，如汪洋萬頃；悟道之人則如《佛說八大人覺經》所說：「精進行道，慈悲修慧，乘法身船，至涅槃岸。復還生死，度脫眾生。」

海外交流急先鋒

大海意象在佛典中俯拾即是，《中阿含經》說大海「八未曾有」、《佛說法海經》

有「海有八德」的說法，《涅槃經》亦曾謂大海有八種不可思議1，佛教對海洋的文化意涵的發揮最為精彩。

海洋一直是佛教中一個重要的擬喻（metaphor），具有深層的哲學意涵，然而身涉洪濤的親身體驗，又與臥遊遙賞天差地別。海洋既是通往真理的道路，也是層層魔考的修羅場。

明清時期，出國弘法的高僧對海洋可謂別有會心，最知名的例子當然是東渡日本，開拓黃檗宗一脈的隱元隆琦，但另一位遠赴越南中部順化弘法的高僧石濂大汕，則以赴越南弘法的《海外紀事》，被選入著名的文化交流史系列叢書《中外交通史叢刊》，石濂大汕成為海外交流的急先鋒，《海外紀事》成為清代中前期關於越南，特別是中部順化一帶的忠實紀錄。

石濂大汕，生於一六三三年，卒於一七〇五年，俗姓徐，少時出身寒微，出家後，從曹洞宗尊宿覺浪道盛受法。當時越南處於鄭、阮兩姓各據一方、紛爭不斷的特殊時期，石濂大汕應當時廣南阮氏政權之邀，於一六九五年正月至一六九六年六月間，前往越南中部順化、會安一帶弘法，後來將赴越期間的見聞，撰成《海外紀事》，是當時順化、會安一帶珍貴的第一手見聞資料，極受史家重視，例如其於會安所見之情狀為：

會安，各國客貨碼頭，沿河直街三四里，名大唐街。夾道行肆，比櫛而居，悉閩人，仍先朝服飾，婦人貿易。凡客此者，必娶一婦，以便交易。街之盡為日本橋，為錦鋪，對河為茶饒，洋艚所泊處也。人民稠集，魚蝦蔬果，早晚趕趁絡繹矣。藥物時鮮，順化不可購求者，於此得致。

這段描述說明當時東亞、西洋諸國船舶，來集於會安的盛況。曾有西洋傳教士讚譽會安是當時東亞最美麗的港市。會安同時也是著名的日本人町[2]，特別是在日本豐臣秀吉下令禁止基督教，以及江戶幕府嚴格取締之後，會安也成為日本人，特別是日本基督教徒海外聚集之所。日本橋為日本商人出資所建，廣南王阮福周曾賜名「來遠橋」。

東亞華商信眾基礎

石濂大汕為澳門普濟禪院的開山祖師，在越期間，亦曾搭乘洋商所經營的船艦，在華商之外，又與日本、西洋有近距離的接觸。會安港的繁榮昌盛，一則由於廣南政權的銳意經營，一則由於會安地處東亞環中國海來往頻繁的貿易網絡。

石濂大汕在廣州時，與尚藩[3]交好，尚藩以廣州為基地經營海外貿易，幾乎富可敵國，石濂大汕將主持的廣州長壽寺，稱之為「十州三島沙門總碼頭」，又將澳門普濟寺做為長壽寺的下院，遠渡安南私販，《分甘餘話》：「致犀、象、珠玉、珊瑚、珍寶之屬，直且鉅萬，連舶以歸，地方官亦無誰何之者。」此一說法如果屬實，石濂大汕與商賈無異。

石濂大汕赴越弘法，一方面是廣南阮氏政權的宗教需要，一方面也是因應越南華商的現實需要。邀請石濂大汕赴越的使者，例如華僧謝元韶、華商陳添官、吳資官等人皆屬在越華商。石濂大汕與稍早赴日弘法的黃檗宗開山祖師隱元隆琦，兩人的社會基礎具有驚人的相似性——同為東亞華商信眾，且其政治傾向似乎皆偏向亡明故國。而從石濂大汕赴越弘法一事，頻繁地出現於《華夷變態》、《通航一覽》等日本相關史料，不難得知，日本方面對此事亦十分關心，可說石濂大汕也揚名扶桑，這說明了當時東亞經貿網路往來的密切。

水土不服卻不減弘法熱忱

《海外紀事》所載不過是在越一年半左右的光陰，可是石濂大汕論及藥病之處不知凡幾。如果說石濂大汕透過病體，對中越風土人情別有會心，似亦不為過。水土不服的情形與石濂大汕滯越期間幾乎相始終，不全是先天體質虛弱或不習順化風俗。石濂大汕與隨眾的病情主要是腸胃不適，曾經「腹患大作」，另外在會安時，因天氣炎熱「傷暑發火瘢」，水土不服的情形似乎非常嚴重。

「水土不服」的主要原因來自天氣與食物。例如他一到越南中部的順化，就注意到「樹多竻竹、波羅、椰子、檳榔、山石榴，花則丁香、木蘭、番茉莉，暖氣浮動，香透籬藔，獨不見桃、李、梅花耳」、「歲春夏常苦旱，長夏停午，烈日如焚，赤地千里，草木為焦」，不同的環境、不同的氣候，造就了不同的自然風光。地處熱帶的順化，也造就了石濂大汕不同的感官經驗。

雖然抵達越南之初，石濂大汕曾經擔憂「隨杖食指繁、無蔬菜為憂」，但越南數量眾多的美味蔬果旋即令他釋懷，例如在品嘗了越南美味的芒果之後，從中越兩國水果滋味的優劣，引發他進一步思考人性相關的問題，其言曰：

乃知藏典所載菴摩羅果，此為正本歟。以檬果與粵較，此為最；以荔枝而與粵較，則瞠乎後矣！推此則人固不可一長自矜，用人者所當節取也歟！

《楞嚴經》提到「見閻浮提，如視掌中庵摩羅果」，庵摩羅果，即芒果。也就是說石濂大汕以為越南的芒果遠勝廣東的芒果，荔枝則以廣東出產者為佳。從而引申為人之稟性不同，用武之處亦各自有異。南北雖然殊方，各有質純味美之物，自有所長，取用之途不同。從芒果、荔枝兩種水果的差異竟然可以延伸到人生秉賦資具的異同，實在令人歎服。

放眼世界的豪情

石濂大汕自幼習畫，出家後在覺浪道盛門下錘鍊，與當時文士大夫頗為交好。他的詩文集——《離六堂集》中，竟收錄有數十篇當時文人為其詩文集所作之序文，又有數十幅自畫像，誠為奇觀。甚至因與文人潘耒交惡，成為日後喪身亡命的禍根，是明清時期著名的詩畫僧。但嚴格來說，其詩風與歷來傳統僧詩亦無多大差異。最特別的還是他在越南中部的見聞。例如他曾作〈客中廣興〉組詩，專門記錄順化一帶的民情風俗。其中一首如是說道：

尚口窮多致，言行遠在文。
素襟終浩浩，花葉正紛紛。
奇字無人問，名香只自薰。
菴摩羅果美，飽食過宵分。

第一、二句是說語言不通，中越雙方人士溝通完全仰賴筆談。素襟指越南方面的白色長衫隨風擺盪，花葉紛紛則是越南色彩繽紛豔麗的草木花卉。五、六句顯有孤芳自賞之意，當時石濂大汕在越南的知名度尚未完全打開，日後苦於酬酢又不可同日而語。最有趣的結尾告訴我們，原來他對越南的芒果真是情有獨鍾，總是吃太多，有時不免半夜還起來偷吃。這首詩雖然卑之無甚高論，卻可以看出在越南生活期間，經由異文化體驗的苦樂交參。

石濂大汕的《海外紀事》也相當程度地反映了當時中國佛教的文化特徵，對真言

（特別是〈穢跡金剛咒〉）、法術的重視、鉅細靡遺的傳戒儀式、「自性彌陀」等，所呈現的禪淨融合傾向，無一不與當時叢林風氣相互呼應。尤有甚者，《海外紀事》當中篇幅眾多的詩作與長篇大論的詩法，更是晚明清初叢林尚詩風習的具體展現，更是本色藝僧石濂大汕的拿手好戲。

十七世紀越南佛教復興與中國晚明以來的叢林風多有同頻共震之處，與流布日本的黃檗宗同樣奠基於當時東亞華商的經濟網路，如何深入而適切地認識當時東亞佛教的價值與特色，在全球化浪潮席捲全世界的今日，重新檢視石濂大汕的海外弘法經驗，重新評價石濂大汕的貢獻，原來明清的佛門重鎮早就有立足中國，放眼世界的氣概與豪情。

1 關於「海有八德」的說法，眾家不一，不過歸納起來，大概包含：（一）漸漸轉深（勇猛精進），（二）深難得底（向上一路），（三）同一鹹味（佛法一味），（四）潮不過限（法度謹嚴），（五）種種寶藏（周遍含容），（六）大身眾生在中居住（眾生平等），（七）不宿死屍（本然清淨），（八）不增不減（自性圓足）。這些說法，後來亦為禪宗所吸收，成為禪門公案，例如臨濟義玄、曹山本寂禪師都曾對「大海不宿死屍」一語有所發揮。

2 十六至十七世紀，日本人由於商業、政治、宗教等原因，海外活動開始在東亞、東南亞等地區逐漸繁盛，因此，

3 當時一些日本人為了方便海外活動而逐漸移居他國，日本以外的日本人社區陸續出現，其中一些稍具規模的則被稱為「日本人町」，在當時主要港口或政治中心常可發現，對當地的政治和經濟都產生了一定的影響。

康熙親政後，剷除了鼇拜集團，在中央實現了君主集權。但在地方上，鎮守廣東的平南王尚可喜及其子尚之信的勢力日益膨脹，與鎮守雲南的吳三桂、福建的耿精忠並稱「三藩」，各據一方，擁兵自重，形成割據勢力。

東皐心越

果熟香飄在日東

江戶琴學之祖東皐心越‧‧‧‧

東渡作人師的東皐心越，成為日本曹洞壽昌派開山祖師，
更為江戶時代的日本注入篆刻、古琴文化精髓，
對東皐心越而言，琴道與禪法無二無別，
深造琴曲不在技藝的熟練操作，
人品皎潔與胸次清朗，才是藝術的起點和目的。
他的古琴指法在日具典範地位，琴譜一再翻刻，
被奉為江戶琴學之祖。

原是一花開五葉，單傳直指起宗風。無端底事分皮骨，果熟香飄在日東。

——東皐心越

因為蘇東坡，陶淵明在中國文學史成為崇高的象徵；因為袁宏道，徐渭成為晚明文化的代表；因為荷蘭漢學家高羅佩（Dr. Robert Hans van Gulik, 1910-1967）的大力表彰，遠渡日本的東皐心越（一六三九—一六九五年）才又重回世人的記憶之中。

東渡日本　琴學之祖

東皐心越，俗姓蔣，浙江浦江人。八歲於蘇州報恩寺削髮出家，二十歲往參曹洞宗尊宿覺浪道盛，覺浪道盛圓寂之後，往參覺浪道盛門人闊堂大文（生卒不詳），得到闊堂的印可，正式傳承曹洞宗壽昌派的衣缽；清康熙十年（一六七一年），受邀出任杭州永福寺住持。

康熙十五年（一六七六年），日本長崎興福寺第四代住持澄一道亮（一六〇八—一六九一年）邀請東皐心越東渡日本，最後落腳水戶藩，創建水戶壽昌山祇園寺、高崎少林山達磨寺，被奉為日本曹洞宗壽昌派（有別於道元開創的日本曹洞宗）的開山祖師。

東皐心越童貞入道，深惹宗風，繼承晚明清初佛教叢林的文藝風氣，詩文書畫無不精通。但對日本文化界來說，東皐心越的成就在詩文書畫之外，尚有不能忘者，例如日本隨處可見的不倒翁（日文稱為「達磨」），據說就是出自東皐心越，另外，東皐心越也將篆刻藝術帶入江戶時代的日本，與另一名黃檗宗僧人獨立性易（俗名戴笠，一五九六—一六七二年），同時被尊為日本篆刻藝術之父。

最重要的是，東皐心越攜來數部古琴（據說至少有虞舜、素王、萬壑松等名琴），推展琴學，大音東流，江戶文人儒者皆樂從東皐心越習琴。雖然古琴過去也曾有傳入日本的記載，但經過長久的戰亂後，早已為人所遺忘。但在中國，古琴一直是文人重要的文化修養，明清之際更是盛行一時，東皐心越將古琴與演奏方法帶入江戶時代的日本，不但喚醒日本知識階層的古琴記憶，東皐心越的古琴指法也在日本取得了典範性的地位，東皐心越的琴譜一再翻刻，故而被奉為江戶琴學之祖。

心繫舊朝　新豐明心

從現存的文獻來看，東皐心越選擇東渡日本，亦與明清鼎革之後個人的政治認同有關。覺浪道盛門下本來就是明遺民聚集的大本營，東皐心越不喜滿清政權，原也是意料中事，臨終時還自稱「大明東皐心越杜多儔老人」。

東皐心越前往日本之際，黃檗宗已經在日本站穩腳跟，大行其道，東皐心越亦曾接受黃檗宗僧的協助，不過在聽聞希望東皐心越改宗黃檗衣缽的要求時，東皐心越悍然拒絕，羈留日本一事又生波折，被迫返回長崎軟禁，最後在水戶藩主德川光國（一六二八—一七〇一年）的協助之下，落腳水戶，在禪法之外，兼弘琴道。在東皐心越之前，同樣來自浙江的朱舜水（一六〇〇—一六八二年）[1]，也在水戶藩安身立命。由於朱舜水與東皐心越的到來，水戶儼然成為全日本的文化重鎮，在思想、藝文等各個不同的領域獨領風騷，吸引日本全國的目光。

東皐心越精通琴道，其詩文中屢以「新豐曲」比喻曹洞禪。由於洞山良价禪師曾於江西新豐建廣福寺，故禪籍常以「新豐」一詞做為曹洞宗的代稱。然新豐成曲，自是東皐心越擅場，不許他人分席。其〈自贊〉曰：

慣愛西湖晴雨奇，肯望東渡作人師。
無端為業風吹去，沒底鐵船載月時。
漁家一曲連天地，聆者誰兮肯者誰？
落魄巖阿愚且癡，哪堪東渡作人師。
一輪荷玉分流去，便是轉功就位時。
新豐曲，舊生涯，得得還需獅子兒。

「東渡作人師」顯然是東皐心越自我觀看的重點，前者言從熟悉的西湖來到陌生的日本，知音恐怕寥寥可數，後者則是顯示在落魄逆境中「轉功就位」的氣概。前半以「漁家曲」言不與世俗偶諧的孤高胸次，後者則以「新豐曲」比喻自己堅貞的心志。對東皐心越而言，琴道與禪法無二無別，其詩曰：

乾闥婆王獻樂時，山河大地作琴聲。
須知設樂非同別，相繼靈山次第行。
欲識箇中原不二，堂堂獨露甚分明。

瑤天皎潔寓冰清，總是夙薰得得成。

此詩頗能道其琴人襟抱，開首二句引佛經說乾闥婆王至佛所彈琴讚佛，三千大千世界無不震動，乃至摩訶迦葉不安其坐。此是東皐心越以乾闥婆王自擬，儒家以禮樂設教，言「聲音之道與政通」。聲明是佛家五明之一，佛家以聲明證入三摩地，音樂之道豈可以小道視之哉？琴道與禪法無二無別，致力精熟之後，一切圓滿自足。

在西方傳統中，爛熟的藝術技巧總與感官誘惑相連，背後通常是魔鬼的交易。但在中國傳統中，則必從屬於作者高潔的胸次，藝術是邁向超越真理的不二法門，東皐心越當然也不例外，此詩結尾言深造琴曲不在技藝的熟練操作，人品皎潔與胸次清朗，是音樂藝術的起點，也是目的。

綜觀東皐心越的詩作，當然也有難忘的鄉愁，也有無人了解的孤獨，但同時也充滿東瀛景物，富士山、溫泉、櫻花、藤花，以下這首絕句描寫日本春暖時節「花見」[2]情景十分鮮活。詩曰：

暮春中浣花事繁，紅白紛紛放滿園。

好鳥枝頭啼不住，花間莫惜倒金尊。

此詩雖然只有短短四句，但十分親切，非親到日本不能言。日本春天花團錦簇，花事頻仍。賞花品酒，唐詩最多。現今日本社會此風猶存，江戶時代想必更盛。東皐心越用詩人敏銳的觀察力，留下了一個時代的見證。

異代知己 一代人傑

最後順帶一提，重新「發現」東皐心越的荷蘭漢學家高羅佩，也與東皐心越一樣，是個令人稱賞的怪傑。高羅佩不但精通各種西方語言，中文、日文也運用裕如，曾經蒐集中國古代房中術的種種珍貴資料，寫作《中國古代房內考》一書，為死氣沉沉的漢學界投入一顆震撼彈，也是位暢銷書作家，他寫的《狄公傳》，將唐代名臣狄仁杰塑造成古代的名偵探，一時膾炙人口。

高羅佩恐怕也是最早修習古琴的漢學家之一，據說高羅佩在中國留學時期，遍訪名家學琴，正是因為高羅佩對於古琴的熱情，後來刊行《明末義僧東皐禪師集刊》一書，東皐心越之名方廣為人知，學界往往稱高羅佩為東皐心越的異代知己。

但筆者以為，東皐心越自是一代人傑，從這個例子，又證明了明清佛教叢林高人輩出，雖然東皐心越在曹洞禪的建樹似乎不多（至少遠不能跟博山元來、湛然圓澄相比），但卻在江戶日本，用古琴為自己在佛教文化史上留下一個特殊的位置，數百年後，清亮的琴音仍然彷彿清晰可聞。

1 本名朱之瑜，浙江餘姚人，字魯璵，舜水是其在日本取的號，意為「舜水者敝邑之水名也」，以示不忘故國故土之情。為晚明思想家、文學家、史學家，曾參加抗清活動，也曾助鄭成功北伐，明滅亡後，不願降清，東渡日本。

2 花見（はなみ，Hanami）是日本的一種民間習俗，意即「賞花」。在日文中，花字單獨用時多指櫻花，因此花見若無特定，多指觀賞櫻花。

後記

原無可說，本不應說，強為之說，聊備體例而已。

我習學佛法，近乎獨覺。我的青春歲月幾乎全部投擲在杜鵑花城的文學院，那裡號稱考據學大本營，我想我並不是個壞學生，但恆常覺得徬徨苦痛，年少的我並不真正清楚究竟所為何來，一直到我讀到荒木見悟先生的著作為止，我才體悟：原來常寂光淨土不在當下，而在遙遠的彼岸。這一條航道充滿艱辛險阻，將來風波險惡，我都早已了然於胸。可是，這一切的一切，都不會再影響我心中那棵樹生長的方向了。

佛教自從傳入中國之後，不論學術思想、文學藝術、甚至民俗節慶都與佛教結下不解之緣，晚明清初幾乎可以說是中國傳統佛教發展的最後一個高峰，除了著名的雲棲袾宏、紫柏真可、憨山德清、蕅益智旭等人之外，還有禪淨律密、性相台賢等各家各派，莫不呈現諸峰競秀的璀璨風光。當時尊宿往往精通詩文書畫，身兼詩人書家等多重身分，今日的收藏家往往視其筆墨遊戲為拱璧珍寶。其於佛法建樹卓猷，流風所及，至今未減。從人格特質來看，有英雄豪傑，也有騷人墨客，為法忘軀的虔誠與熱情更是無處不在。歷史的巨流切過壁立千仞的山谷，在明清時期留下氣象萬千的恢弘景致。涓滴細流，終歸覺海。壯麗與優美、雄渾與淡雅，兼而有之。明清佛教的風華燦爛，既是佛教史上動人心魄的一頁，更深刻影響了我們現今對佛教的理解。然而關於近世佛教的研究，迄今依然寥寥可數，不論真正的原因是什麼，總是一塊巨大的空白，充滿難解的魅力。

在臺灣學界目前至為嚴格的論文體制之下，許多事情，或心情，其實難以說明。能用論文以外的筆調重新來思考研究對象，是一種難得的幸福。慚愧的是：我畢竟沒有真參實悟，無法從佛法本源來說，只能從人心世情揣想。遺憾的是：我這個人興趣太廣、朋友太多、習氣深重，雖然如今我即將步入知命之年，也尚無法完全專注於佛法一事，仍然無法忘懷文學、藝術，只能以華嚴五地聖人，世間技藝靡不該習一事自我安慰。可惜的是：我畢竟一直在中文系的環境討生活，「經生氣」在所難免，雖然我一直希望能多一點「蔬筍氣」，不過改頭換面畢竟也不容易。

感謝果賢法師的邀請，讓我得以重新體會學術論文之外的寫作樂趣。單老師撥冗為此書製序，感激無以名狀，在這個國家，以文學為職志的學生多少都讀過單老師的書吧，當然我也不例外。此書第一篇破山海明出刊之際，單老師即對我鼓勵有加，對我一直堅持下去具有極重要的鼓舞作用。這幾年，我常有各種機會能跟法鼓文化優秀的同仁一起工作，既專業又認真，令人佩服。

此書大部分篇章成於客居江戶的日子，通常我的教學任務在每週四下午結束，我就開始思索接下來的主題，然後趁著週四東京大學漢籍中心還沒關門的時候，把相關的資料備齊，週末泰半在東京大學赤門研究棟的研究室中思考如何將這些明清高僧精彩的人生經歷以不一樣的方式呈現出來，任它春去秋來，雨雪風霜。周而復始，也成輪迴。

時隔十年，我竟然又回到朝思暮想的母校，人生彷彿也進入一個新的階段。執教兩年以後，重又回到溫暖的南國，在東京生活的日子，我也想念著此地的一切（特別是圖書館）。這本小書，似乎也代表了一些特別的因緣。只是，真正說清楚恐怕仍需一些時日。我一直都想寫一本類似《黑暗時代群像》的書，重新來認識明清佛教。但自知學識筆力都未必真能堪此大任，暫時也只能這樣了，逝者已矣，來者可追。知我罪我，其在斯乎。

附錄

《巨浪迴瀾》訪談錄

主訪人：單德興
時　間：二〇一四年二月十一日
地　點：臺北南港中央研究院哲思軒

單德興（以下簡稱「單」）：首先請你簡介自己的學術背景以及《巨浪迴瀾》這本書的緣起。

廖肇亨（以下簡稱「廖」）：我畢業於臺灣大學中文系，再到日本東京大學繼續研究。我的碩士論文是《明末清初遺民逃禪之風研究》，從思想史、文化史的角度討論明清之際一些知識分子出家的文化現象；博士論文則是研究明末清初的文藝思潮與佛教的關係（《明末清初の文藝思潮と佛教》）。整體來講，我從碩士論文階段開始，就一直在廣義地研究佛教文化史。不管是從佛教史的角度，或是從中國文學史與思想史的背景來看，這一塊都是比較少人討論的領域。所以我雖然是古典文學的研究者，可是因為明清佛教這個領域的專家比較少，因此很多基礎的研究工作，包括僧人的傳記，都要自己從頭開始做。所以除了文學以外，我在思想史、文化史方面的傾向也愈來愈強。也因為一直研究佛教與文學的關係，我個人文學研究的成分愈來愈少，佛教研究的成分愈來愈多。可以說：明清佛教是我從碩士論文階段以來一直關懷的重心。

那麼為什麼會想寫這本書？因為我研究明清佛教有一、二十年了，我覺得不管是知識界（也就是所謂專家），或者是一般的讀者，對這個時代的認識還是很少的。我一直很想寫一本像《黑暗時代群像》那樣的書，就是從一個比較宏觀的角度，給不同的研究對象尋找一個比較適當的定位，這是我一直想做的事。因為對這些人的生平花了比較多的時間接觸，而有些人的生平非常有趣，我很想就這部分介紹給一般的讀者，剛好《人生》雜誌的梁金滿主編和法鼓文化的總監果賢法師邀我在《人生》雜誌寫一個專欄，因為我的時間比較有限，就想從我最熟悉的材料來入手。也讓我重新反省我一直在研究的這些對象，可不可能有不同的角度來認識他們，這就是這本書的背景。

為何「巨浪」？如何「迴瀾」？

單：既然這本書跟你先前的學術著作很不一樣，那麼在寫作的過程中感覺如何？

廖：當然是很有趣。但其實一開始的時候很不習慣，因為我雖然年輕的時候也寫過一些現代詩，但後來一直在寫學術論文，這一次寫這種不是那麼嚴謹的學術文字，一開始還不大習慣，直到差不多寫了五、六篇以後，開始慢慢可以體會其中的樂趣。每一次要寫一個題目的時候，我要先複習以前看過的書，把這些人的語錄、文集、可以掌握的材料，再翻一次。寫到五、六篇以後，我慢慢有一層體會，開始思考要怎麼樣用一個不同的方式來介紹這些人物。最困難的地方其實是在找一個切入點，那些材料我大都很熟，可是我想用和學術論文不一樣的方式來認識這個人：比如說怎麼樣重新認識體會這個人的特殊性，尤其是在佛教史或文化史的意義上，可以有什麼不一樣的角度來認識他。這是我從寫作裡體會到的樂趣。

單：其實這本書除了讓你個人重新認識這些人之外，主要目的在於普及化。請問設定的讀者對象為何？怎麼試著把自己比較艱深的學術研究，讓一般有興趣的讀者也能夠接納？

廖：我在寫的時候，一開始就沒有設定對象是佛教史專業的學者，而是一般的讀者。而且我希望讀者即使沒有什麼佛教的背景，也可以知道我介紹的人物在佛教史上的重要性，在文化上面有什麼特殊性。當然這個是一個推廣的工作，可是我還是希望除了推廣以外，它能夠至少提供認識那個時代的特殊背景的資料。

單：書名叫《巨浪迴瀾》是當初專欄就是這個名稱嗎？因為齊邦媛教授二〇〇九出版的回憶錄取名為《巨流河》，今（二〇一四）年又剛出版《迴瀾——相逢巨流河》。彼此書名如此相似，純屬巧合嗎？

廖：對，一開始在專欄上連載時就是這個名稱，取這個名稱是因為從佛教思想史來講，明末清初是佛教的最後一個高峰，我一開始是想要強調這層意義，沒想到跟齊老師的《迴瀾》書名有疊合之處。

單：就書名「巨浪迴瀾」而言：為何「巨浪」？如何「迴瀾」？

廖：若從佛教思想史來講，很多人對於明末清初時代到底算不算是佛教的復興，還是存在著討論的空間，也有很多人不以為那個時期的成就有那麼高。不過我自己的感覺是，從客觀的角度來看，首先，當時僧人的著作量出版非常多，堪稱是一個高峰。其次，當時在知識上是很全面的，不管是禪、唯識，各宗各派都有，華嚴、天台，都有大師出來。再從寺院方面來看，就會發現明末有很多大寺院又有重新興復的趨勢。若看宗派發展或者寺廟發展的過程，例如福州鼓山湧泉寺雖然號稱千年古剎，可是它真正復興的關鍵就是明末清初的永覺元賢。所以就我個人的認識，明末清初這一時期有非常多的成就。因為我是文學研究出身，所以除了傳統佛教研究的路數，例如思想、經典、文獻以外，我特別注意這些人在文化上面的成就。我覺得，如果從文化史的角度來看，明末的確是一個高峰，這就是為什麼我一開始將這一系列取名為「巨浪迴瀾」的原因。現在一般來說，往往認定佛教史的最高峰在隋唐。這樣的說法固然沒錯，但將眼光拉到近代，可以說從明、清一直到現代臺灣的佛教發展，晚明這段時期的成就，特別是從佛教文化史的角度來看，還是一個難以超越的高峰，那個時代是最令我神往的。

三十三則故事，三十三個啟發

單：連載是三十三期嗎？你記得連載的期間嗎？

廖：從二〇一一年四月到二〇一四年一月，共三十三期。

單：這本書副標題是「明清佛門人物群像及其藝文」，像是白話版的高僧傳，但也探討文學與藝術。內容分為三部分：第一篇「風骨奇絕續佛燈」共十二篇文章；第二篇「亂世悲心度群迷」最多，共十四篇文章；第三篇「詩文書畫信獨步」比較偏向於藝文方面，共有七篇。

廖：對，篇名我是從他們的詩裡摘取出來的。

單：雖然說你在寫的時候按照大的範圍，但是什麼因緣促使你挑選這三十三個人？

廖：三十三是佛門的神聖數字，也就是觀音三十三示現的意思。我原來有一個大概的設定，比如晚明四大師，有一定的代表性；還有宗派的代表性，比如說臨濟宗、曹洞宗。尤其是壽昌派，它是曹洞宗在晚明出現的一個重要宗派，一直到今天，都還有很大的影響；還有黃檗宗也算是臨濟宗的一支。另外明末清初是佛教海外弘法的一個很重要的時期，所以這些海外弘法的人也列入在內。另外是在文化史上有特殊貢獻的人，例如清初四畫僧：八大山人、髡殘石谿、漸江弘仁、石濤道濟，我選了髡殘石谿，因為比起八大或者石濤，我覺得他的佛教性更強。還有一些可能大家不是那麼熟，可是我覺得非常有趣的人就介紹給大家認識，比如說到越南弘法的石濂大汕。此外還有婦女，我覺得一定要有婦女代表。

單：總共兩位。

廖：對，我覺得她們是婦女界的代表。雖然明末清初跟我們今天一樣，是女性出家的一個高峰期，可是有語錄傳下來的女尼只有七個人，我就是在這七個人裡選一個南方代表，一個北方代表。當時漢傳佛教最繁盛的地區是在江南，可是北方也有幾個特別的人物，所以我也選了一、兩個北方代表人物，比如說月川鎮澄。另外，我在選擇對象的時候，也會注意到寺院、佛教聖山的部分，我想讀者看的時候會發現我常在談空間的問題。

單：例如五台山。

廖：是。還有普陀山。明清的禪宗喜歡用大好山那個公案，我覺得那個公案影響到他們的思維。這是我選擇人物時大概的想法。

單：如果我沒記錯，談覺浪道盛那篇是全書最長的一篇。資料太多會有難以濃縮的問題，資料太少也有難以鋪陳的困難。遇到資料太多的時候，包含生平、詩作、悟道的過程、在文化史及佛教史上的地位等等，你怎麼用短短的兩、三千字來寫？我相信這是一個很大的挑戰。

廖：我覺得關鍵在於要消化所有的材料。有一些人物彼此是有師承關係的，例如寫覺浪道盛的時候，其實花了一半的工夫在寫方以智，就是無可弘智。因為除了做明清佛教研究的人，一般的人不熟悉覺浪道盛，但是對方以智比較熟。

單：因為余英時先生曾寫過《方以智晚節考》研究他。

廖：我其實是藉著寫覺浪道盛，把對方以智的認識也帶出來，連載那部分時分為上、下期。材料太多的人物在寫作過程中變成一個挑戰，就像老師講的，可是為了在兩、三千字內消化寫完，對我來講是藉此再重新認識這個人，讓我重新思考要怎麼樣把這個人的特點用最短的篇幅來表述。這有點像漫畫專欄的挑戰，就是要怎麼樣用幾筆把那個人的神韻勾勒出來。

另外有些人的生平經歷是不得不提的，比方說永覺元賢的弟子為霖道霈，他本來已經當了鼓山湧泉寺的住持，以前因為沒有任期制，他可以一直做到圓寂為止，但是他當了住持十幾年以後竟然被趕出去，到七十歲時又被接回去當住持，我覺得這是他人生中最重要的一個事件，所以我會特別把這個事件標出來講。又比方說雪浪洪恩，在我所看過明清僧人圓寂過程的紀錄裡面，他的圓寂情形對我來說是非常撼動人心的一幕，我在書中提到，他本來已經圓寂了，周圍的弟兄環繞念佛，結果他眼睛又突然睜開，說：「我不是這個家數，無煩爾爾。」還有紫柏真可，他圓寂的時候是在監獄裡面坐化，我看到這段紀錄的時候也是非常感動，這些對我有衝擊力的的事件，我都想分享給讀者認識。

還有一部分是我個人閱讀材料的認識，有部分跟現在學界的看法不太一樣，我希望能夠分享一些不同的認識角度，比方說蕅益智旭，聖嚴法師以前寫博士論文時，就發現其實他跟天台宗的關係並不是那麼融洽，一般做明清佛教史或中國佛教史研究的人，都喜歡說蕅益智旭中興天台，可是當我看材料時發現，這種說法完全是我們現在的建構，當時可能沒有人會覺得蕅益智旭中興天台，他跟天台宗的關係很複雜，他雖然推廣天台學，但與天台宗人經常互相叫陣，這些是我念材料的一些心得，跟一般學界的看法不太一樣的就會特別提出來。

單：你剛剛講的主要是資料多的部分，另外有些人物資料很少，尤其女禪師子雍成如，幾乎沒什麼資料。你書中提到：「其實關於子雍成如的資料極少，其存世語錄分量亦不多，與其他文人交往也不密切，無法從其他的紀錄對他的為人一窺究竟，目前為止，暫時只能以他自身的說法為唯一的憑藉。嚴格來說，他的生平近乎謎團。」在這種情況下你怎麼鋪陳出兩、三千字的篇章呢？

廖：其實這跟寫論文很像，材料太多時很困擾，但材料太少時也很困擾，這時想像力就要發揮作用了。比如寫子雍成如的時候，我覺得他的生平、開悟等等充滿謎團，他自己說是女禪師，在五台山開悟，也沒有任何證據，都是他自己說了算。從人情世事來看，他有很多事蹟是很難解釋的。比如說，他雖然是在北京，但當時北京的人一輩子要看到皇帝一次都很困難，他為什麼竟然可以看到康熙皇帝兩次，而且時間點都非常巧合，我覺得在這後面就有我們可以揣測的空間。也許這也有點像寫歷史小說。（兩人笑）就是看到一個點是你覺得很難去解釋的，那就是用想像、推敲的方式去把它串連起來。這其中當然有我想像的部分，但是我覺得我的懷疑也是合理的。

單：所以你是根據文本的證據加上想像，而你的想像的詮釋又傾向於他可能是有政治目的，其實是幫助皇帝去查訪民情，甚至宣揚皇威等等。

廖：我覺得這些部分都算是合理的推測。因為我也注意到：他到江南以後，竟然可以大剌剌地就到當時的大寺院登堂說法，我覺得這未免有點不太禮貌。可是這個不禮貌的行逕就是一個可以推敲的點。他為什麼那麼不禮貌？在某個角度來講，他可能就代表了清朝的皇室，所以他可以有那樣的威權，那是我的解釋。

老師剛才講的，有些是我希望可以去對照歷史的事件，比如說女禪師祇園行剛，在晚明的時候都說他是末山再來，在某個角度來講，歷史有時也會重現，就是說有一些場景，有一些紀錄，這些可能在當時都是很正常的，把這樣一個人物跟歷史的人物結合，如果可以再現當時人的想法的話，我覺得這也是我可以努力的方向之一，也未嘗不失為一個寫作的策略。

單：你討論的三十三位佛門人物中女禪師雖然只有兩位——明末女禪旗手祇園行剛、清初北方南詢女禪子雍成如——但我發覺你描寫他們時用的卻是很崇高的字眼，像是：「女性是維護倫常與秩序的重要力量。」能不能請你談談這一點？因為性別議題一般在佛教史裡似乎並不常談到。為什麼你會特別強調女性的角色？對於女性有那樣程度的推崇？

廖：第一個就是女性的確比男性偉大。這是以前沒有注意到女性的部分，這也是不應該的。

單：以前沒有注意到女性的部分是什麼原因？

廖：因為大部分的佛教史都是男人寫的。而且重視女性是中國禪宗的特色之一。你可以看印度佛教的部分，原始佛典裡面對女性其實有很多不太好的評價。但是在中國禪宗史上是很特別的，最有名的就是龐蘊居士，以前念禪宗史的時候就發現龐居士因為跟馬祖禪師的關係，在佛教史上大名鼎鼎，但他第一怕老婆，第二怕女兒，好像他的老婆和他的女兒道行都比他高。另外還有一個很重要的例子是鄧隱峯禪師，他問他的朋友：有什麼樣的死法還沒有人死過？他朋友聽說好像還沒有人倒立死的。他就倒立圓寂。

單：一隻手嗎？

廖：對，後來他妹妹說：唉，我這個哥哥從小就愛作怪，到死了還不老實。就把他推倒了。可以看得出來他妹妹這個女性是在維護倫常，對於這些像是神通，或者是逸出常軌的事情極力避免，可以說女性的一個重要功能就是維護正統的重要力量。這其實是中國禪宗的特色之一。相對於印度佛教，其中還有一個講法是：女性成佛前還要先轉男身。這是以前印度的一種……

單：偏見。

廖：對。可是在中國禪宗傳統又不一樣，當然中國還是父系社會，可是禪宗傳統對於女性一直有很多的讚美，尤其像末山尼，她竟然可以跟臨濟禪師分庭抗禮，這在當時是很不容易的。

單：是。

廖：現在學術界，尤其是談明清文學的時候，婦女是很重要的一部分，我想我們也應該花點力氣來關注她們在佛教上有什麼特別的建樹。不過有些事情我覺得比較可惜，第一是保留的著作太少；第二，我覺得他們的寫法還是比較含蓄的。其實包括禪宗，尤其是入藏的這些經典，它所呈現出來的衝突不是那麼強。我們如果看俗文學的材料，像「寶卷」，比如說女性出家這件事，在以儒家為主的意識型態的中國社會裡面，她們遭受到的壓力和打擊，可能遠遠超乎我們的想像。在我所用的這些材料上，所呈現的衝突情境還沒有那麼強。比如劉香寶卷中的例子，在清末民初的年代，有一個女性想要出家，結果她的父母不允許，那個女子就自殺了。

我要講的是，其實我舉的例子還沒有呈現那麼強的倫理衝突，我們看到的都還是比較和平的，這些材料在某個程度已經過修飾了。如果可以更精準的呈現出她們所遭受到的壓力，才是我想要傳達的。雖然我寫的是高僧傳，可是我也一直很注意到這些人內心的衝突。雖然他們在某個角度來講都是大成就者，但畢竟也是一個「人」，人就有一些內心的衝突，只是他們衝突的點不見得跟一般人一樣，比如說名利、情慾等等。我覺得他們最主要的衝突是在神聖和世俗中間的一些掙扎。

單：其實這也是我讀你的書時印象很深刻的一點。也就是說，後來人看這些高僧都是大成就者，但你呈現了他們內心的衝突。也就是說一般人只看到他們積極、正面的一面，認為他們中很多人都已經開悟了，內心世界已經很平和了。但是照你的讀法，其實他們的內心世界就算不是波濤洶湧，但也還是有一些浪花。

廖：對。其實書名跟這方面也有關係。有一些我覺得很有趣的、看似不合常理的地方，都希望跟讀者分享。舉一個例子，我在文章中提到曹洞宗壽昌派的無異元來跟他的師父無明慧經的關係，基本上曹洞宗壽昌派雖然都以無明慧經為宗主，可是無明慧經其實是居山不出的一個老人，他的天下主要是靠他的學生無異元來打出來的，無異元來在當時是第一流的禪師，連那些年輩比他長的，像密雲圓悟這些人，對他都非常稱讚，可是這麼一個英姿煥發的人，他的師父竟是一個老農夫，我覺得非常有趣，他還好幾次去找他，前幾次都是因為無明慧經實在是太平凡了，所以「當面錯過」。

單：他甚至幾次「當面錯過」。你提到「更令人印象深刻的是：無異元來這樣一個舉世矚目、精彩煥發的鷹揚青年，對於一個貌似平凡的無明慧經竟念茲在茲，除了令人動容的師徒深情之外，似乎還有些什麼值得深思。」一方面你提出問題，另一方面似乎欲語還休。

廖：對，就是當面錯過，無明慧經就只是一個在路邊種田的老農夫，完全看不出來是一個大禪師。而為什麼無異元來對他的老師這麼心悅誠服，這點是我的推測，我也沒有任何證據，不過我注意到他以前跟他父親的關係非常緊張。

單：他的父親非常嚴峻。

廖：對。而當他要出家時，在以儒家的價值觀念為主的社會裡面，出家其實常常不是一件被認可、被鼓勵的事情。可想而知，一定是有更多緊張的點。可是他一直強調無明慧經是他的「四世慈父」，而且他強調「慈父」，而不是慈母，這很有趣，當然他的性別是父親。

單：為什麼是四世呢？

廖：我不知道。他和師父之間的關係，我覺得某個角度已經到了父子之間的情誼。我的解釋就是無明慧經不是一個很嚴厲的人，他是慈愛、溫和地對待人。如果我們把無異元來比喻成學生，他其實就是一個非常用功的一個好學生，你不太需要去逼迫他，反而是要適當地讓他放鬆身心，所以我是從這個角度來解釋。我覺得從心理層面來看這些人，也許可以看到一些特別的事情。

單：我也覺得那一段很有意思，特別是你說到他們師徒情深的部分。那位師父看起來很平淡、平實，而徒弟是一個早慧、各方面都非常傑出的人，卻在這邊找到一位讓他很心悅誠服、可以安頓身心的師父。

廖：對，我覺得這算是一個比較特別的出發點，大概很少人會從這個角度來解釋他們兩人之間的關係。我也注意到有幾個人都是名儒之後，像永覺元賢是宋儒蔡沈的後代，蔡沈與朱子的關係很密切，以他們深厚的儒家背景竟然選擇出家一途，是非常特別的。因為在中國歷史上很少有這麼多的名儒之後投入佛門，除了唐代以外，像窺基就是尉遲恭的後代，法藏大師也是康居國人的後裔，但他們都是胡人之後。唐代當然有很多家世很好的人，但是我覺得跟明清時代不可同日而語。

單：我發現你很著重那些人的時代背景，提到明清的經濟文化，江南地區的特色等等；也提到明末清初時，有許多的遺民。此外，你也提到中國與異域的關係，像是越南、日本，特別是日本，但好像沒有提到韓國。

廖：韓國沒有。因為韓國那時已經是李朝，李朝以朱子學為官學，對佛教很排斥。而日本在明末清初剛好是江戶時代，佛教一直是日本社會很重要的精神力量。去日本弘法的人如黃檗宗的隱元隆琦，或是後來的東皐心越，他們對日本的影響非常大，尤其是在江戶時代的藝文方面，有一個專門的術語叫作「黃檗樣式」，包括了詩文、書法、繪畫，等於是一個特別的文人團體。在越南方面，我現在看到的材料是石濂大汕的，還有一些像是拙公和尚，我看過他的金身，可是就是找不到他的語錄。我們所看到的資料，明末清初佛教在海外的影響，越南和日本比較明顯，所以特別提出來講。

單：你還提到「雪浪洪恩代表佛教跟當時天主教士利瑪竇進行一場辯論」，所以在那個大時代不僅是東方社會彼此接觸，也是東西方接觸的大時代，甚至兩個文化在朝廷中競爭話語的。當時他們辯論的輸贏如何？

廖：因為我們現在看到的資料都是天主教的，所以一面倒都是寫利瑪竇贏。

單：沒有佛教資料？

廖：佛教界沒有留下資料。

單：當時朝廷也沒有文獻？

廖：也有可能雪浪洪恩如果真的輸了，佛教界也不想留下資料。（兩人笑）細節不得而知，因為資料缺乏。但是佛教界留下很多批評天主教的資料，像是密雲圓悟、蕅益智旭都有。以我來看，當時天主教代表了一個比較新的外來的文化，而佛教已經完全是中國化的佛教，是代表了某種程度的傳統力量來跟天主教進行辯論。天主教傳進中國的時候，其實從某個角度來講，包括從康熙到雍正，對天主教是有一個反動的。但是天主教傳教的過程裡，科學知識其實很重要，它代表了一種新的知識。我們現在看到的世界地圖，有很多其實都跟佛教有關，佛教之於中國，本來就是外來的文明，但佛教是視野比較高的，不像儒家一直強調國族主義，而為什麼明末清初時代特別？就是佛教在理論上跟民族主義應該是比較沒關係的，可是在明末清初又強調忠義精神，這又跟時代變化有關，有些僧人包括覺浪道盛，特別強調節義觀這些價值，但節義觀在某個角度來看，跟國族主義有關係，這些問題太複雜，我雖然一直在處理類似的問題，但實在不能「一語以蔽之」。

單：像忠孝節義。

廖：對。忠孝節義其實是儒家所強調的道德信仰的根本。所以這一部分到明代的時候顯然已經非常儒家化了。所以它其實是代表了比較本土的、傳統的意識型態了。

單：如果撇開天主教或者佛教的文獻，只談當時朝廷的態度，至少以我們現在的後見之明來看，利瑪竇那時在一些官員協助下陸陸續續引進一些先知，包括徐光啟引介幾何等等，好像在朝廷或者在所謂的現代化、輸入異文化的歷程中，天主教是獲得了某些進展。

廖：對，天主教當然有某種程度的進展，也對像方以智這些知識分子有所影響。但是它對一般人的生活影響到什麼程度，我覺得還需要再考慮。以中國傳統的民俗這個簡單的例子來看，比如說佛教進來中國以後，很多影響是內化到中國人的生活裡。但是聖母節是什麼時候一般人就不知道，而且也沒有成為一個民俗的重要節日，就表示它的影響還沒有真的輻射到民間。

再就明清文學與佛教的關係來看，俗文學的部分不可忽視，比如說跟觀音有關的寶卷和彈詞就不曉得有多少，這一部分可以說它其實已經是生活的一部分。再如中元節本來是盂蘭盆節與地官大帝的生日，後來這兩個節日被結合起來，變成我們現在這種特殊的型態，類似像這樣的例子很多。我覺得天主教雖然在當時代表了一些科學的新知，可是對一般人的生活影響到什麼地步，是可以再討論的，不過它在當時代表的是一種新的觀念，新的知識體系。一旦是「新」的東西，總是比較能夠引人入勝，尤其是對知識分子而言。舉一個例子，中國醫學傳統講「心」，什麼問題都是心的影響，可是方以智就特別強調「腦」的作用，在十七世紀大部分的中國傳統醫學，沒有人強調腦的作用，而他很明顯的就是受到天主教的影響。可以看出他走在時代的先端，但是還沒有普及到一般人的生活方式裡。

以禪解詩，以詩證禪

單：這本書還有一大特色就是對於文學的詮釋，這是因為你是讀中國文學出身的，對於中國文學史夙有研究，各篇文章一開始就引用金句，裡面以提綱挈領、畫龍點睛的方式把他們的一些詩文引出來，然後加入你的解釋，這些詮釋有些比較詳細，有些比較簡略，但這些詩文賞析構成本書的特色。有時你也會提到他們的文學造詣，以及與當時文學界的關係，像是「儘管明清的高僧往往精通文藝，但能與當時詩壇領袖共執牛耳，且堂堂分庭抗禮者，莫有過於雪嶠圓信與蒼雪讀徹二人。」除了文學詮釋之外，你還會將這些詩文連結上作者的內心狀態、甚至宗教修證，雖然有時可能因篇幅有限，只是提綱挈領，點到為止。換句話說，文藝部分是本書的重大特色之一，而這和你的中國文學背景的關係為何？

廖：像老師講的，因為我是中文系出身，我覺得這個才是我特別的地方，因為傳統研究佛教的人很少人去注意到他們的詩文創作。雖然我研究佛教的朋友很多，但有一次一個大陸的朋友告訴我，他們看我的論文，覺得最羨慕的地方是我會解詩。一般傳統佛教的研究者以哲學系的訓練比較多，討論文學方面的人當然也有，可是比例上不是那麼多。而且大家好像也不是真的很注意這方面。但陳援菴講過，中國佛教的特色就在於文學與藝術的結合。但哲學系出身的，除了一、兩個比較例外的朋友，一般都不太注意詩文的部分。可是在中國傳統是詩禪一致，「以禪解詩」或「以詩證禪」都是很平常的。但要做這方面的研究，同時需要有兩方面的訓練，要有文學的基本訓練，對佛教也要有一定的認識，如此才能夠解得比較到位。我做詩禪研究的時候，有些人物如果從傳統的評價角度來看，像蒼雪讀徹或雪嶠圓信，都是在文學史上已經留名的人。還有破山海明，啟功也非常稱讚他的書法，像這樣的人物，既然都在文學上有如此的成就，不去談他的詩文書畫好像也不應該，尤其像髡殘石谿，他雖然是在作畫，可是我看他的題跋和資料，也覺得非常有趣。

單：我好奇的是，學歷史出身的人會把這些資料當成文獻檔案，學哲學出身的人會著重其中的義理，但若無法解析詩文又如何掌握對這些僧人來講很重要的部分？

廖：所以我覺得詩文不能不談。

單：對那些高僧來說，這些都是一體的。

廖：對，尤其像雪嶠圓信，也有人批評他整天都在寫詩，他就問那些人：「我不寫詩我要幹嘛？整天坐禪好像也不是辦法。」但是要賞析他們的詩，還是要對佛教的修辭傳統有個認識。比如我文章中常講山居詩，可以看得出來，山在佛教裡面本來就有特別的寓意，但是山這個比喻不只是指僧人坐在山裡面，「山」在佛教傳統裡有很多很特別的指涉，比如說山也是身體的隱喻，指我們的身體；山也代表山頭，代表不同思想的力量。另外，屋宇在佛經裡使用得也很多，拿屋宇來比喻人的身體，樹木也有特別的指涉，類似的比喻非常多。對佛教的修辭傳統有一定的認識以後，再來看這些詩詞會有不同的體會和認識，而不會只把它當作是單純的寫景。

我覺得從這方面來看，明清的僧人有一些在中國禪宗詩歌史上，有達到一定程度的新的境界。比如我在書中提到湛然圓澄講散木無用，我以前最早看到這詩的時候就覺得好像《紅樓夢》，只是他把石頭當作木頭而已，他說，我是沒有用的東西。可以看得出來他們在寫一個東西有用或沒有用，基本上相對性都是在寫儒家的功成名就的傳統的人生價值觀。我看到他講：他是溪邊一塊沒有用的木頭，我覺得這個比喻太有趣了。當然我在書中說那是半部《紅樓夢》是比較誇張的講法。所以如果知道整個禪宗的修辭傳統再來看那個時代的人的創作，就會有很不一樣的體會。當然也有一些在文學上的成就，單老師可能也有興趣，比如說我一直鼓勵年輕人去討論中國禪宗的自傳文學，自傳文學好像李有成老師也寫過。

單：是，談陶淵明的〈五柳先生傳〉。

廖：在中國傳統的自傳文學中，有很多人會問：五柳先生有沒有宗教背景？最近有幾本書都是研究中國的自傳文學，像京都大學的川合康三教授，還有我的學長廖卓成的博士論文，都是寫中國自傳文學，但是他們都有一個沒有注意到的地方，就是他們都忘記宗教的材料裡多得不得了，尤其是禪宗的行腳、行實裡很多。單老師也注意到我在本書中提到顓愚觀衡這個人，他把自己的生平寫成一首很長的敘事詩，這是我所看過的自傳、詩歌裡，把自己的自傳用敘事詩形式來寫的，可能是最長的一篇。我書中也提到見月讀體寫的《一夢漫言》，弘一法師說他每次看《一夢漫言》，都痛哭流涕，我雖然沒有痛哭流涕，但是我覺得《一夢漫言》是中國自傳文學當中不能忘記的好作品。在美國的吳百益教授有一本書就是寫中國自傳文學，他舉的例子是憨山德清自敘年譜，但是無論如何可以看得出來，明末清初的這些僧人談自己的生平、自傳等等非常的多，所以材料非常的多。因為知道顓愚觀衡所寫的詩歌的人很少，所以我把它拿出來講。像憨山德清以及見月讀體的作品是比較為人熟知的。不過我覺得從自傳文學的角度來看見月讀體《一夢漫言》的人好像也不太多，所以我也特別把它標舉出來。從文學的角度來講，當時的僧人在文學的形式上也有一定的突破以及開創了一些新的境界。也許從文學史的角度也可以談出一些特別的地方。

單：書中的詩文涉及文學史，其中的書畫則涉及藝術史。如果說詩文涉及文字表現和內在意涵，那書畫呢？

廖：其實這部分不是我的專長，不過我們念文學的人，總是要知道一點文化史，所以這些僧人寫的字、書畫這部分，比如像八大、髡殘石谿，他們的畫本來就非常有名。除了書畫以外，我覺得其他像建築方面也是非常有趣的，比如妙峰福登。

單：對，他除了建廟，還搭建橋梁。

廖：對，除了建築廟宇以外，他甚至還設計建造橋梁，還負責朝廷的重大工程，這對我來講簡直是不可思議的事情。以現在來講，妙峰福登似乎沒有什麼文化水平，可是建築也是一門高深的藝術，比如說大華嚴寺基本上是他的手筆，能夠蓋出那麼宏偉的建築，不是一般人可以做到的。老實講，詩、書、畫還是傳統文人的技藝，但是建築是比較難的。還有音樂，也是我特別注意到的，比如說東皐心越，一般日本人稱他為江戶琴學之祖。因為我是研究文學、佛教文化史的人，我以後希望寫一本佛教文化史，談各個領域不同成就的例子，這方面是我比較有把握的。但是我也要努力地不完全局限在文學領域，伸展到不一樣的面向，尤其是這幾年，我常常跟研究藝術史的人一起開會，也會對這方面的題材比較注意。

認識大師的五個創見

單：你書中至少兩處提到聖嚴法師，也就是聖嚴法師有關晚明佛教史研究在學術上的貢獻：他的博士論文為第一個相關研究，以及他對研究對象蕅益大師的見解。從學術史的角度來看，聖嚴法師在這方面相關研究的開創性如何？有沒有什麼特殊的貢獻？

廖：最大的貢獻就是他可能是臺灣地區最早注意晚明佛教的學者。雖然東初老人也有一本書寫佛教近代史，但是聖嚴師父在晚明佛教史的研究上，做了很多重要的基礎工作、文獻的整理，最主要的是他也提出幾個研究的課題，這點讓我很佩服，我們現在研究晚明佛教史的人，不得不看聖嚴法師的著作，這部分很重要。他對蕅益智旭的研究我覺得很好，他也是最早提出蕅益智旭跟天台宗的關係有某種程度的矛盾，而且他這個發言是建立在材料的基礎上面，這點我也很佩服。但是我更佩服的是，聖嚴師父與荒木見悟的筆仗。荒木先生是從思想史的角度，認為晚明佛教的興盛與陽明學有密切的關係；而聖嚴師父基本上認為佛教的發展有存在的理路。兩個人講的當然都有道理，但客觀來看，我的立場比較傾向荒木見悟先生。

我印象深刻的是，他們兩個人打過筆仗之後，聖嚴師父竟然請荒木先生到中華佛學研究所來客座，這是我更佩服的胸襟，以現在來看，還是很難得的學者風度。他們兩人後來的交情不錯，我去看荒木先生的時候，荒木先生還特別問到聖嚴師父。他們兩人雖然在學術上的見解不一樣，可是並不妨害互相的欣賞，我覺得這是學界中人的典範。

單：有寬大的胸襟。

廖：很了不起。在研究晚明佛教的領域，聖嚴師父是一個重要的開拓者。雖然我現在很多意見跟他不見得一樣，但是很多題目都是他率先提出來的。所以我覺得作為一個學者，能夠提出一個前瞻性的問題和視野是最難的。而在他那個時候，他就有那個視野。晚明佛教的研究在聖嚴師父以前不是一個被重視的領域，雖然現在的研究也不是特別多，但是在他的基礎上面，後來的學者有了一個可以遵循的方向。

單：的確如此。就學者來講，創見最為重要。就我來說，書中最有趣的地方就是「筆者」或「管見以為」如何如何。那是不是就是你自認的創見？

廖：可以這樣講。

單：那你能不能舉一、兩個你的創見的例子？

廖：第一就是我剛才說到的，我以心理層面來解讀這些人的衝突。第二是我在寫的過程中特別注意到空間的關係，比如說無明慧經是居山二十四年不出的。還有顓愚觀衡是從北方到南方來發展，雖然他是因為中毒了，身體狀況不太好，也許這是原因之一。也有從南方到北方去的人，像函可是遼東禪學之祖，他原是廣東人，因緣際會到了瀋陽，他的詩集很有趣，一開始就說到大雪，到北方的第一年凍得要死，後來習慣了，對雪反而有一種親切感，這些都是空間移動的關係。第三是像單老師講的，我一直在研究明末清初這個時代，可能會比一般佛教研究學者更注意到當時的僧人和歷史時代背景、文化的關係。像蕅益智旭的生平真的很不可思議，一六四四年到一六四五年竟然是他修行成就最高的時候，依我對當時歷史的認識，你如果有一定程度的重要性，要置身事外是不可能的，所以我的解釋是，當時蕅益智旭的確不是在主流的脈絡之內；再比如祖心函可就是因文字獄而被流放到北方去，這就是從僧人跟歷史脈絡的關係來看。

第四，我特別注意到的，是這些僧人的家世背景，這些僧人的家族也許是儒者的家族，或者是商人的家族，僧人的行止跟他們的出身雖然也許不是絕對的，但有時候也有關係。比如說雪浪洪恩的父親非常有錢，是個大商人，所以他的衣著很豪華，而一個僧人的衣服太豪華都會被批評，但我覺得這點對他也許不是問題，主要跟他的成長背景有關係。

第五點是傳統佛教研究有一個很重要、但很困擾研究者的問題——就是中國佛教的宗派問題，這點我在文章中也有涉及。

單：講好聽一點就是爭取話語權。

廖：對……，（兩人笑）像是中國到底有沒有淨土宗？這對中國佛教研究者來講是一個問題。在明末清初的時候，要不要出來自立山頭對當時的僧人來講應該會是個問題，我也把這個問題點在書中提出來。比如說無異元來這麼傑出的僧人竟然沒有自立山頭，這是令我非常驚訝的事情。因為當時喜歡自立山頭的人比較多，雖然不是絕對，但以一般的情況來講他其實可以自立山頭，可是他沒有這麼做。我喜歡把這個問題當作一個思考點，來省思這些人的思想和行為。

單：以一位具有文學背景的宗教學者而言，你覺得文學與宗教的關係如何？兩者有時當然是相輔相成。但我們也看到一些人，可能因為太深入宗教，反而影響到文學創作價值。或者太著重於文學、藝術的修辭方面，而影響到他在宗教方面的修持。

廖：當時的確有人這樣批評，比如前面提到的雪嶠圓信。不過以我研究佛教文學這麼多年來看，我認為宗教實踐才是宗教文學最核心的部分，這一部分包括修辭傳統也必須跟宗教實踐有關係。所以會認為修辭影響到修行，我覺得是對修辭傳統不夠了解的一種批評，以佛教文學來講，修辭是建立在修行上面的。而這些問題對於無異元來或者雪嶠圓信這樣的僧人可能不是那麼大的衝突。這可許也跟讀者接受的角度有關，比如說一首詩是講完整的修行經驗，可是就被批評家故意割裂，這就很難看出前後的脈絡關係，所以我覺得這跟讀者或者批評家的選擇和詮釋有很密切的關係。如果對宗教實踐、宗教生活有一定的認識的話，我覺得這應該不是大問題。

單：此外，一般的世間學術與出世靈修之關係如何？比如說，佛教學者在研究佛教史或佛教文學的時候，他可能有的「利基」為何？可能有的「陷阱」又如何？有一種說法就是「說食不飽」，理論不能配合實踐。如果個人沒有實修經驗來談這些好像隔了一層；重視實修的話，會不會又忽視了文藝？有宗教背景的人來研究，有沒有什麼有利或不利之處？

廖：我覺得這點如人飲水，冷暖自知。若是都沒有修行經驗也好，因為做學術研究有時很需要客觀的部分。如果是從完全客觀的角度來出發未嘗不可，其實研究佛教的也有很多是天主教的神父。研究佛教有成就的學者很多，到目前為止，對禪宗語錄理解度、認識度最高的學者是已故日本學者入矢義高先生，他對禪宗語錄讀透的程度，我相信可能超過大部分的學者和出家人。他自己說他完全可以看得懂禪宗語錄，而且他沒有什麼修行經驗。但是我覺得除非有入矢先生這樣的學問，否則如果不認識這個修辭傳統，其實沒有辦法知道他們在寫什麼。

另外也需要知道一些僧團的生活，但我覺得未必要非常遵循那種生活方式。這也牽涉到你對你的研究對象是抱持什麼樣的態度，有的時候是認同。我覺得做人文學問常常會有一個問題，尤其是研究中國文學的，很容易把研究對象神聖化。舉一個例子，很多人沒有辦法接受辛棄疾很會炒地皮，但我覺得炒地皮沒什麼不好，這表示這個文人生財有道，除了創作以外還有一些別的才能。

又比如傳統的遺民形象，是一班反對現有政權的人，所以不跟現有的政權合作，於是過著苦哈哈的日子。其實也不盡然，也有一兩個明遺民是以炒地皮著稱。這對傳統研究人文學術的人是個顛覆。反觀做佛教研究者，其實是比較客觀化的傾向，這也許也不是壞事。但是不能夠不了解你要研究的對象，比如說僧團的生活、他們的想法等等。因為我們研究歷史上的事情時，參考的知識其實愈多愈好。如果都沒有修行經驗，也沒有坐過禪，其實根本就不知道他們到底在講什麼。但比較難的地方在於個人的經驗與所研究的經典的修辭，以及僧團生活的脈絡，要怎麼完全疊合起來。說實話，如果完全以仇視佛教的角度很難做一個好的研究者。錢穆說過，一個好的歷史研究者要對你的研究對象抱著溫情與敬意。不過他的這番話常常被批評。

單：但寫《國史大綱》的錢穆說這番話的背景，是對日抗戰時。

廖：對。可是如果只有溫情與敬意，而沒有一個客觀的角度，研究是不是可以做得好？也是個問題。所以要斷定什麼樣的發言角度才是好的，這一點是很難的。我自己也還在摸索，還在找尋一個好的出發點，可以認識這個研究對象。

單：你過目了那麼多的佛教詩文，有沒有現成或方便的文選、資料庫可以供一般讀者參考？

廖：其實很多，如《高僧詩選》，但是以往編的這些傳統的詩選，大部分都是輾轉抄襲，真正回到語錄裡直接看原典的其實不太多。以顓愚觀衡或雪嶠圓信來說，現在的編者都是從既有的選集裡再去找，很少人回到原典。也許以後我可以來編一本。

單：非常期待。這些文章連載時，讀者或編者的反應如何？

廖：主編說讀者的反應還滿好的。有很多我的朋友的反應是，沒想到這個人有這個層面。還有一些讀者喜歡雲棲袾宏那篇，我舉他寫自己蛀牙的詩。我覺得這首詩是比較特別的，從這首詩可以看出他有幽默感，表示他不是一個像木頭一樣的人。一般印象中，雲棲袾宏是一個非常嚴肅的人，但其實不是，在我看到的資料中，他身邊的弟子就說他很愛亂開玩笑。從這首詩可以看得出來他有那一面。

單：是的，這首詩顯示了他幽默的一面，但你卻進一步提到禪者的內心世界，包括可能有的內在緊張與衝突：「牙齒的健康情況不佳，事實上多少也反映雲棲袾宏長期處於緊張的心理狀態。」對一個開悟者來講，這好像也跟一般人的印象有些距離。還有你提到「臨濟與曹洞之間的抉擇、抗清或降清、持戒與否，破山海明看似義無反顧的人生，也隨時洋溢著衝突與爭戰」、「晚年的雪嶠圓信其實內心漾滿衝突與牽扯。『作詩作字』成為安撫內心的不二法門。」都是你特意點出禪者的內心世界。

廖：在我的想像中，雲棲袾宏雖然開悟，可是他其實是想弘揚淨土教法的，但又面對了很多現實的困難，比如說明代的法律規定，除了禪、講、瑜伽三種以外，不可能獨立一個教派。雲棲袾宏很特別，他的僧團裡面什麼都有，可是他傳下來的法脈主要是華嚴的法脈，跟淨土沒有關係。另一方面，在禪學的過程，他的一些行為和作法不見得是當時的人容易接受的。他們一定也有衝突，只是他們的衝突跟世俗人的衝突、焦慮的點不見得一樣。

單：或者說，他們的目標與世俗人是不一樣的。

廖：對，他們想要做的主要還是弘法利生。

單：並不是為自己。

廖：對。記得刊出雪浪洪恩那篇時，主編跟我說，雪浪洪恩那句話：「我不是這個家數，無煩爾爾。」雜誌社編輯都掛在嘴邊。這滿有趣的，如果說我能讓大家記得某個僧人的一、兩個點，這就算達到我設定的目標了。就是怎麼樣在有限的篇幅裡，把一個僧人的神韻和特點傳達出來。我覺得詩文是一個輔助的道具，因為不只是研究者自己講講而已，而是用僧人自己的話來講，會讓讀者印象更深刻。

單：你對讀者或這本書有什麼期待？

廖：藉由這本書，我想讓一般讀者對於明清佛教的這些高僧大德有一個再認識的管道。雖然也許沒有辦法很深入，但是希望能提供那個時代的環境，以及他們的心理層面，可以有不一樣的認識的角度。如果有機會能把我們做的研究跟讀者大眾分享，未嘗不是好事，尤其是對佛教研究可以幫上一點忙，這就是我希望達到的目標。

附錄

清初曹洞宗世系表

- 小山宗書（1500-1567）
  - 幻休常潤（?-1585）
    - 慈舟方念（?-1594）
      - 湛然圓澄（1561-1626）
        - 麥浪明懷（生卒年未詳）
        - 石雨明方（1593-1648）
          - 遠門淨柱（1601-1654）
          - 位中淨符（生卒年未詳）
        - 三宜明盂（1599-1665）
          - 俍亭淨挺（1615-1684）
          - 西遯淨超（生卒年未詳）
          - 蔗菴淨範（1620-1692）
        - 爾密明澓（1590-1642）
          - 唯岑淨嶾（1595-1664）
        - 瑞白明雪（1584-1641）
          - 百愚淨斯（1610-1665）
            - 寒松智操（1626-?）
          - 伴我淨侶（1607-1669）
            - 拙菴智朴（生卒年未詳）

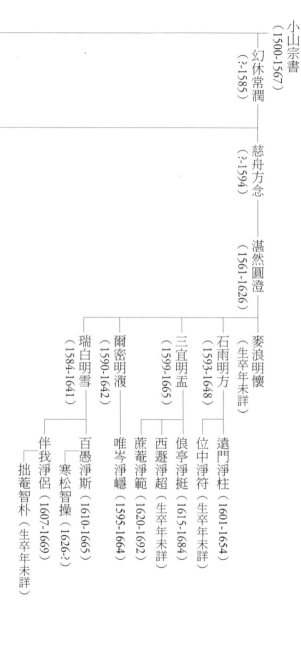

- 無言正道（生卒年未詳）
  - 心悅慧喜（1564-1639）
    - 涵宇海寬（生卒年未詳）
    - 別山性在（生卒年未詳）
- 蘊空常忠（1514-1588）
  - 無明慧經（1548-1618）
    - 無異元來（1575-1630）
      - 嵩乳道密（1588-1658）
        - 南菴大依（1617-1683）
      - 宗寶道獨（1600-1661）
        - 天然函昰（1608-1685）
          - 今釋澹歸（1614-1680）
        - 祖心函可（1611-1659）
      - 雪磵道奉（1592-1670）
    - 晦台元鏡（1577-1630）
      - 覺浪道盛（1592-1659）
        - 竺菴大成（1610-1666）
          - 楚雲興源（生卒年未詳）
        - 石潮大寧（生卒年未詳）
        - 無可弘智（1611-1671）
        - 嘯風大然（1589-1659）
        - 同岑大燈（生卒年未詳）
    - 聞然元謐（1579-1649）
    - 永覺元賢（1578-1657）
      - 為霖道霈（1615-1702）

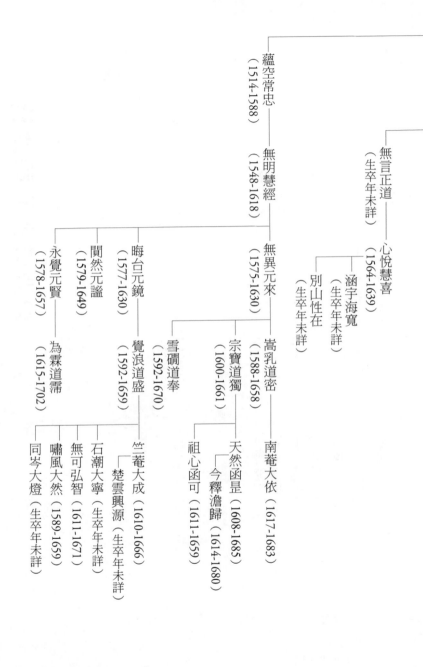

附錄

清初臨濟宗世系表

- 笑巖德寶（1512-1581）
  - 幻有正傳（1549-1614）
    - 密雲圓悟（1566-1642）
      - 漢月法藏（1573-1635）
        - 一默弘成（1575-1641）
          - 豁堂正嵒（1597-1670）
        - 澹予弘垣（1581-1643）
          - 仁菴濟義（張有譽）
        - 具德弘禮（1600-1667）
          - 巨渤濟恒（1605-1666）
            - 雪悟上思（1630-1688）
          - 晦山戒顯（王瀚）
          - 三目智淵（生卒年未詳）
          - 碩揆原志（1628-1697）
        - 剖石弘璧（1598-1669）
        - 繼起弘儲（1605-1672）
          - 大庾行蹈（?-1652）
          - 曇應文杲（生卒年未詳）
        - 潭吉弘忍（1599-1638）

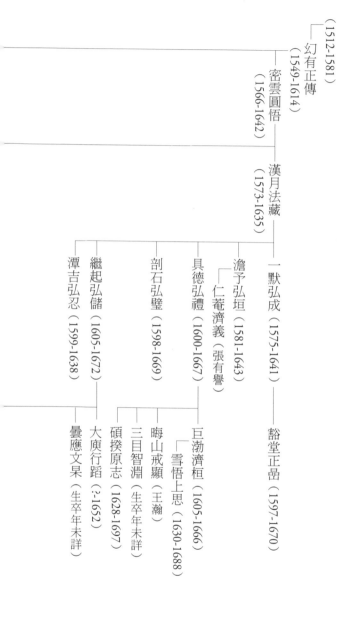

- 破山海明（1597-1666）
  - 丈雪通醉（1610-1695）
- 費隱通容（1593-1661）
  - 隱元隆琦（1592-1673）
  - 孤雲行鑑（?-1661）
  - 獨冠行敬（1613-1672）
    - 水鑑慧海（1626-?）
- 木陳道忞（1596-1674）
  - 天岳本晝（1621-1705）
  - 旅菴本月（?-1676）
  - 山曉本晳（1620-1686）
  - 犀照本徹（生卒年未詳）
  - 雪樵真樸（生卒年未詳）
  - 蛤菴本圓（1632-1685）
- 石奇通雲（1594-1663）
  - 法幢行幟（林增志）（1593-1667）
  - 道嚴行恂（1595-1682）
- 牧雲通門（1599-1671）
  - 古雲傑（生卒年未詳）
    - 雲鑑意（生卒年未詳）
- 林野通奇（1595-1652）
  - 道安靜（1612-1689）
    - 霽崙超水（生卒年未詳）
    - 桂芳林（1619-1686）

- 僧見曉青（1629-1690）
- 檗菴正志（熊魚山）（1599-1679）
- 月涵南潛（董說）（1620-1686）
- 卑牧式謙（生卒年未詳）
- 輪菴超揆（生卒年未詳）
  - 宙亭紀蔭（生卒年未詳）

- 天隱圓修（1575-1635）
  - 箬菴通問（1604-1655）
    - 天竺行珍（1624-1694）
  - 玉琳通琇（1614-1675）
    - 白松行豐（1612-1674）
    - 茆溪行森（1614-1677）
    - 骨巖行峰（1619-1697）
  - 松際通授（1593-1642）
    - 雲外行澤（1607-1654）
- 雪嶠圓信（1571-1647）

賢首宗雪浪洪恩一脈世系表

- 雪浪洪恩（1545-1608）
  - 一雨通潤（1565-1624）
    - 汰如明河（1588-1640）
      - 含光炤渠（1599-1666）
      - 道開自扃（1601-1652）
      - 若鏡（生卒年未詳）
      - 髻珠（生卒年未詳）
      - 戒冰（生卒年未詳）
      - 介石（生卒年未詳）
    - 蒼雪讀徹（1588-1656）
      - 緣中普經（1584-1641）
      - 自均本懷（1611-1671）
      - 德風書傳（1607-1669）
      - 智光德本（1602-1666）
      - 印持溥聞（生卒年未詳）
      - 玄道口修（生卒年未詳）
      - 文照寂覺（1609-1657）
  - 巢松慧浸（1566-1621）
  - 雪山法杲（?-1609）
  - 耶溪志若（1555-1617）
  - 明宗廣詢（生卒年未詳）
  - 蘊璞如愚（生卒年不詳）
  - 若昧智明（1569-1631）
  - 碧空性湛（1563-1636）
  - 無學如能（生卒年未詳）
  - 蔚然智觀（生卒年未詳）
  - 三際性通（1571-1636）

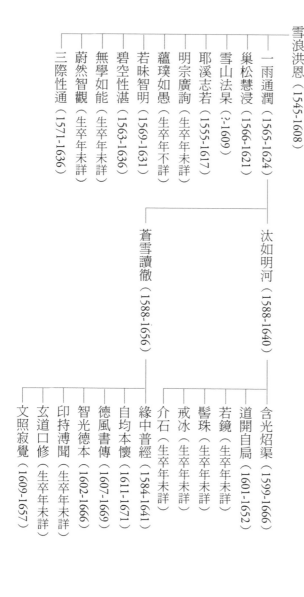

琉璃文學 27

巨浪迴瀾——明清佛門人物群像及其藝文

Vital Revival: Enlightening Encounters with Eminent Monks of the Ming and Qing Dynasties through Their Verses

著者	廖肇亨
出版	法鼓文化
總監	釋果賢
總編輯	陳重光
編輯	李金瑛　胡琡珮
封面設計	化外設計
內頁美編	小工
地址	臺北市北投區公館路186號5樓
電話	(02)2893-4646
傳真	(02)2896-0731
網址	http://www.ddc.com.tw
E-mail	market@ddc.com.tw
讀者服務專線	(02)2896-1600
初版一刷	2014年6月
建議售價	新臺幣400元
郵撥帳號	50013371
戶名	財團法人法鼓山文教基金會—法鼓文化
北美經銷處	紐約東初禪寺 Chan Meditation Center (New York, USA) Tel: (718)592-6593 Fax: (718)592-0717

法鼓文化

國家圖書館出版品預行編目資料

巨浪迴瀾：明清佛門人物群像及其藝文 / 廖肇亨著.
-- 初版.　-- 臺北市：法鼓文化，2014. 06
面；　公分
ISBN 978-957-598-645-2（平裝）

1.佛教傳記　2.佛教文學　3.明代　4.清代

229.36　　103008248